U0926550

编委会

主　　编　董毓华

副 主 编　石红星

编写人员　钟丽军　张子凡　汪冬辉　徐俊钐

陈海明　陈丽莎　潘玉毅

踔厉笃行

国网浙江省电力有限公司 编著

浙江人民出版社

前　言

自18世纪中期开始，煤炭成为主导能源，近代工业由此建立和发展。随后，从煤炭时代到油气时代，再到电气时代，日益多元的能源供给，彰显了人类以愈加娴熟的技能使用能源。

工业文明、科技进步发展到今天，人类社会似乎普遍乐观。一轮轮的新能源革命纷至沓来，人类生活所需的动能似乎能够“永续”。然而，2022年俄乌冲突，以及季节性和偶然性因素的集中爆发，使能源危机的苗头愈演愈烈，不少欧洲国家处境窘迫。

在当下，多个曾大力呼吁放弃煤炭、倡导环保的欧洲国家，相继宣布重开火电，或采取措施支持化石能源项目。回望历史上的数轮石油危机，再看当下闹得沸反盈天的危机，历史的经验教训能给我们带来哪些启示？

【一】

党的十八大以来，习近平总书记高瞻远瞩，提出了“四个革命、一个合作”能源安全新战略，提出了一系列新理念新观点新要求，开辟了中国特色能源发展新道路。

能源消费结构向清洁低碳加快转变，单位国内生产总值能耗累计降低24.4%，以能源消费年均2.7%的增长支撑了国民经济年均6.4%的增长；能源供给能力和质量双提升，中国能源自主保障能力始终保持在80%以上，基本形成多轮驱动的能源生产体系。同时，一大批能源新技术、新模式、新业态蓬勃兴起，能源体制变革释放市场发展活力，国际合作也不断取得新突破。

作为关系国家能源安全和国民经济命脉的特大型国有重点骨干企业，国家电网大力推动能源高质量发展，坚决保障电力安全可靠供应，积极推进能源转型。

鉴于我国可再生能源资源丰富，国家电网发布实施了国内企业首个“双碳”行动方案，加快构建新型电力系统，建成全球最大的“新能源云”平台，全面开展全电景区、全电船舶、公路与铁路电气化等项目。目前，国家电网经营区内风电、太阳能、水电等清洁能源发电装机规模均居全球第一。

鉴于我国能源资源分布不均，国家电网充分发挥大电网资源优化配置平台作用，依靠“独步全球”的特高压输电技术，形成了“西电东送、北电南供”的局面，促进中国西部、北部能源资源的大规模开发外送。已建成的30项特高压输电工程中，最远的输电距离达到3300千米，跨区跨省输电能力超过2.4亿千瓦。

以宾金、灵绍两大特高压直流工程为例，累计已有超过5000亿千瓦时的电能，带着宁夏的火与风、四川的水，轻松跨越“胡焕庸线”，奔向东部“用电大省”浙江。

作为中国经济最具活力的省份之一，一次能源自产率仅约5%的浙江是当之无愧的“用电大省”。2012—2021年，浙江省内机组发电量从2846亿千瓦时增长至4227亿千瓦时，增长48.5%；全社会用电量从3210亿千瓦时增长至5514亿千瓦时，增长了71.8%。正是得益于国家“西电东送”战略，得益于愈加强大的大电网资源优化配置能力，“资源小省”浙江得以有足够动能支撑起经济社会的蓬勃发展。

数据的今昔对比，蕴含着深层次的变化，以浙江一隅或可略观中国之貌。

能源供给从稳定保供到供给质量提升：浙江省内发电机组装机容量从2012年底的6170万千瓦，增长至2021年底的10857万千瓦，增长76%；其中，新能源装机容量达2498万千瓦，光伏并网装机容量则以800多倍的增量从2.21万千瓦增至1842万千瓦。传统意义上“负荷重、资源缺”的浙江，以技术、体制创新挖掘身边可挖掘的可再生能源资源，聚合离散新能源潜力，着手构建多元能源生产供给体系。

能源消费日趋体现清洁低碳：2012—2021年，浙江省单位地区生产总值能耗累计下降25.8%，以年均3.7%的能源消费总量增速支撑了年均7.2%的地区生产总值增速，能源利用效率不断提升。到2021年，浙江电能占终端能源消费比重达36%左右，比全国平均水平高出9个百分点；新能源汽车注册登记量达32.56万辆，年充电量14.19亿千瓦时，呈持续高速增长趋势。

奔涌在陡峭山壁间的金沙江水化作涛涛电能，光伏板组成的“蓝色海洋”让茫茫戈壁荒滩变了模样，“大风车”在东海吱呀吱呀地转动，越来越多的新能源汽车来往穿梭于大街小巷、集镇村道……今天的中国，已经建成世界上最大的清洁发电体系，能源清洁低碳转型呈现蓬勃之势。

“察势者智，驭势者赢。”在面临百年未有之大变局的当下，全球产业链供应链面临重塑，世界能源版图面临重绘，不稳定性不确定性明显增加。我国正处于实现中华民族伟大复兴关键时期，国内外环境发生深刻复杂变化，这对保障国家能源安全、推动能源高质量发展提出了新的更高要求。

【二】

2021年10月，习近平总书记在胜利油田勘探开发研究院考察时指出，“绿色低碳发展，这是潮流趋势，顺之者昌”。一如他在浙江工作期间提出的“绿水青山就金山银山”重要理念，都充分体现了习近平同志的绿色发展观。

“七山一水两分田”的浙江，在螺蛳壳里做道场，过去10年间走出了地区生产总值连跨4个万亿（元）台阶、突破7万亿元的“加速度”；新时代，更是走上了共同富裕先行和省域现代化先行的新舞台。

新舞台，更需“硬实力”。国家电网审时度势，将建设具有中国特色国际领先的能源互联网企业的示范窗口、建设新型电力系统省级示范区的“两个示范”落地浙江，全力支撑浙江“两个先行”建设。更多的考量是，旨在用浙江的先行试点，探索出打破传统路径依赖和管理体制束缚的新路径、新模式，破解安全可靠、清洁低碳、经济高效“三元矛盾”，以最小代价、最有效方式实现三者统筹兼顾、协调发展。

2020年以来，在“节约的能源是最清洁的能源、节省的投资是最高效的投资、唤醒的资源是最优质的资源”理念指引下，国网浙江电力坚持体系统筹、创新引路、试点先行，开展了一系列增加电力系统弹性的智能应用与实践。

台州大陈岛上，全国首个柔性低频输电示范工程率先投运，为中远距离海上风电开发提供了新解决方案；全国首个海岛“绿氢”综合能源示范工程率先投运，构建“制氢—储氢—燃料电池”热电联供系统，实现大陈岛清洁风电100%全消纳以及全岛“零碳”功能。

在温州，一个围绕清洁能源、输电网架、可调节资源三大“千万千瓦”级目标的自适应系统行动方案正在落地推进。

在丽水，一座看不见的“虚拟电厂”指挥着分散的800余座小水电厂，它们“听令”发电，聚合成一个相当于百万千瓦级的“超大号电池”。

在湖州，借助国网新能源云碳中和支撑服务平台，政府部门、企业可分类分层分策进行碳管理，引导能源、工业、农业等重点领域推进低碳转型。

在全省范围内，率先构建面向全业务、全区域、全时间尺度的“一键响应”需求侧管理模式，打造千万千瓦级需求响应资源池，实现负荷资源统一管理、统一调控。

……

可以说，围绕解决外来电和新能源这两个不确定性问题，国网浙江电力打造了一批国内外领先的科技成果，并在实践中得到了有效检验和考验。但是，前进的道路总是曲折的，新型电力系统建设是一项长期的复杂的系统工程。

2022年夏天，盘踞在长江流域异常持久的极端高温环境下，浙江经历了一场艰难的电力保供战。在这场保供战中，电源、电网、负荷各方主体团结一心，不惜成本、不计代价对抗高温干旱、高负荷，守住了“不拉闸限电”安全底线，守住了民生底线。

不计成本代价行非常规之举的背后，是能源系统形态、发展业态、消费生态不断改变的状况下不得不行的担当之举。

其一，电网逐渐向交直流混联大电网主导、微电网等多种电网形态相融并存的格局发展，能源系统呈现出以电网为平台，集中式与分布式相协调，多种能源互联互济的新形态，海量资源的感知和调控能力亟待提升。

其二，在电网企业向能源互联网企业转型的过程中，各类业务系统林立，需要充分打通其间的数据壁垒，提高专业协作水平，提升企业管理效率。

其三，在“双碳”目标引领下，能源绿色发展成为全社会共同责任，需要通过新型电力系统，改变需求侧的粗放用能，推动多种能源资源最优配置、全社会综合能效最大化。

身处“打造数字变革高地”的浙江，国网浙江电力找到了以数字化牵引作为新型电力系统建设的破局之道——以数字化为主线，牵引带动电网及电力系统、企业发展及能源消费方式转变，加快向能源互联网转型升级。

聚焦能源互联全环节，着力提升系统调节能力。国网浙江电力初步建成了企业级实时量测中心，日均接入数据约29亿条，实现全电压等级、全天候的数据融合，提升系统可观测能力；深化“源网荷储”互动，建设企业级能源大脑，形成全局最优决策能力，促进能源资源优化配置，提升系统可调控能力。

聚焦企业管理全过程，着力提升企业治理能力。针对一线作业多终端、多应用操作烦琐、效率较低问题，国网浙江电力整合设备、营销等专业应用，构建“掌上数字化供电所”应用，实现全省供电所工单掌上处理率99%。业务量较大的装表接电工单，现场平均处理时长缩短26分钟，效率提升38.8%。

聚焦社会用能全方位，着力提升社会综合能效。依托能源大数据中心，接入全省3万余家重点用能企业数据，汇聚煤炭、石油、天然气等重要品类能源数据418.7亿条，建成60余项大数据产品，推动社会能效提升。

“志之所趋，无远勿届，穷山距海，不能限也。”本书编辑收录了国网浙江电力近年来推进电网高质量发展、公司高质量发展的部分创新实践案例，总结梳理“先行浙江”在能源高质量发展上的探索历程，为更好端牢能源饭碗提供借鉴，从而助力新型能源体系建设。

就在本书即将出版之际，一个好消息传来——2022年12月15日，国网浙江电力“‘电碳数链’协同治理体系，助力社会精准降碳”项目，获得2022年度“保尔森奖——绿色创新”类别唯一年度大奖。这是国家电网的荣誉，也是浙江的荣耀。

目 录

绪章

这里是早春的安吉，伴随着炒茶机的轰响声，青涩甘醇的茶香扑面而来。这一刻，让人想起时任浙江省委书记习近平同志提出的“绿水青山就是金山银山”重要理念。

这里是夏夜的乌镇，智慧电力在这座古老灵动的江南小镇荡漾开来，让传统水乡生活有了全新的打开方式。这一刻，让人想起习近平总书记寄语浙江“干在实处永无止境，走在前列要谋新篇”的新使命。

这里是晚秋的海宁，两岸堤坝一排排洁白的风机叶片有力地转动着，居民屋顶一片片湛蓝色光伏板熠熠生辉。这一刻，让人想起习近平总书记对浙江提出的“秉持浙江精神，干在实处、走在前列、勇立潮头”新要求。

这里是冬日的下姜，从枫林港畔游人涌动，到溪水两岸民宿璀璨，都印证着这座小山村从“穷脏差”到“绿富美”的蝶变。这一刻，让人想起习近平总书记赋予浙江为全国推动共同富裕提供省域范例的重任。

这里是浙江电力人用心描摹的山水江南绿色共富卷轴，这里是国网浙江省电力有限公司以实干争先写下的新时代十年伟大变革。办电，从跑“多趟”到“一次都不跑”；分布式光伏发电并网容量，从2.21万千瓦飙升至2176万千瓦；全社会年用电量，从3210亿千瓦时增长到5514亿千瓦时；城乡居民收入均翻了一番以上，分别连续21年、37年居全国省区第

—……

一江秋色江南岸，十年奔涌立涛头。党的十八大以来，从“八八战略”到红船精神，“人民电业为人民”的企业宗旨在之江大地上传承闪耀；从“多元融合高弹性电网”到“数字化牵引新型电力系统”，创新争先的基因在浙江电力人的血脉中生根成长。

转变：电网绿色智慧弹性足

在湖州郁郁葱葱的茶园间，一条条输电线路宛如银色丝带将一座座高耸入云的输电铁塔串联起来。

浙江电力验收人员越过蜿蜒曲折的山路，登上100米高的特高压铁塔，对铁塔、金具、绝缘子、导地线等开展细致检查。除了传统的人工走线验收，包含无人机激光扫描等多项科技手段也被运用到此次验收中。

这是白鹤滩—浙江±800千伏特高压直流输电工程浙江段的工作现场。2022年9月1日，该工程浙江段启动验收。随着未来全面建成投运，这项横跨山川河网的“西电东送”重点工程将成为落点浙江的第三条特高压直流输电线路。

以全国1%的陆域面积、4%的常住人口，创造了超6%的国民生产总值。在这片“七山一水两分田”的资源匮乏的土地上，今日浙江的“超级生产力”背后，是电力网架的高效支撑。

浙江奋力构建能源大网络。从2013年10月皖电东送淮南—上海特高压浙江段全线贯通开始，宾金直流、浙福交流、灵绍直流等特高压工程相继投运。当前，浙江电网已基本建成以“两交两直”特高压为核心，以“东西互供、南北贯通”500千伏环网为骨干，以西部外来电和东部沿海电源群为支撑，各电压等级电网协调发展的坚强网架。

同时，浙江电力通过加快应用电网弹性智能发展、储能、氢电耦合、动态增容、分布式潮流控制等一大批新型电力系统相关新技术，打造高弹性电网。

置身东海沿线的台州大陈岛，海风呼啸。这个小岛的年平均风速达6.8米/秒，年有效风能时数达7000小时。

凭借丰富的风能资源，大陈岛近年大力发展海岛风电项目，全岛现有34台风力发电机，年平均发电量6000多万千瓦时。发电量满足全岛用电之外，还有富余。为了用好这些富余的绿色能源，浙江电力2021年在此启动了基于海岛场景的氢电耦合示范工程，通过质子交换膜技术电解水制氢，构建“制氢—储氢—燃料电池”热电联供系统，促进海岛清洁能源消纳与电网潮流优化。

同时，氢电耦合示范工程在电解水时产生的高纯氧气还可以服务于当地渔民的大黄鱼养殖；氢燃料电池发电时产生的热量通过热回收，将为大陈岛上的民宿等提供热水；新能源旅游观光车也将在未来用上氢能供电的充电桩。

浙江有力推动电网绿色转型。光伏成为浙江省内第二大电源。浙江电力持续推进新型电力系统省级示范区建设，逐步适应高占比的新能源接入。

2022年，浙江电力在承继打造高弹性电网的基础上，提出“数字化牵引新型电力系统”，提升对海量分散资源的可观、可测、可控、可用水平，尽最大可能提升系统调节能力，推动多种能源资源最优配置、全社会综合能效最大化。据预测，到2025年电力系统可用调节能力达到全省最高负荷的10%左右，这将促进浙江能源电力实现安全可靠、清洁低碳、经济高效“三重目标”。

台州大陈岛全貌

蝶变：数字化深植电力服务

说起党的十八大以来的变化，杭州余杭百丈镇民宿老板李胜印象最深的就是互联网给生活带来的变化。“不到7天，我的民宿水电网就已经全部接通。”他通过国网App线上“办事大厅”的“水电气网联动报装”应用，快速完成了新开民宿的水、电、网服务开通工作。

两年前，李胜开饭店要开通水电气网，要涉及4个部门，分开办理需要跑4次，提交15份材料，耗时30个工作日。而现在，受益于国网杭州市

余杭区供电公司试点的数字化应用场景，李胜直言“办事越来越方便，服务越来越贴心”。与此同时，由于杭州推行200千瓦以下的中小微企业采用低压方式接入电网，相应的配电设备及线路费用全部由国家电网“埋单”，他还省下了近2万元的接电费用。

在国家互联网信息办公室发布的《数字中国发展报告（2021年）》中，浙江位列“数字化综合发展水平”第一。浙江以数字化改革为引擎，以科技创新为动力，在现代化之路上快速奔跑。

线下的营业厅越来越“空荡”，线上服务业态却蓬勃生长。“最多跑一次”的底气，从指尖的改变开始。

浙江电力率先在公共服务领域推出“最多跑一次”服务，为客户降低更多时间成本，推动优化用电营商环境，同时还推动政企平台贯通和数据共享，推动办电业务在浙江政务服务网、“浙里办”等平台上线，实现居民“刷脸办电”、企业“一证办电”等。

“数据跑”受益了本地用户，也拉近了浙江与周边省份的距离。依托线上业务受理平台，浙江衢州、湖州等地协同安徽等地，统一服务标准，实现17项电力业务线上线下“异地办理、一次办成”。

家住浙江开化县的刘晓在邻近的安徽休宁县经营一家中药种植企业。以往，他都要开车前往休宁办理用电业务。“跨省办电”业务推出后，他只需要在国网开化县供电公司提交申请，国网开化县供电公司就会将用电申请同步发送至国网休宁县供电公司。后者接到申请后，立刻组织专员进行现场操作，即可完成办电业务。

在优化服务流程的同时，浙江电力还积极推动建设浙江省能源大数据中心，在研发电力大数据应用等方面持续发力，为政府掌握全省用能情况提供辅助支撑，为企业绿色低碳转型提供方向。

截至2022年9月15日，浙江省能源大数据中心已接入全省重点用能企业28786家，占比96%，同时引导浙江3万余家企业主动参与节能降碳。

伴随数字化改革进程，绿色省心又省钱的用能方式已在浙江落地生根。

蜕变:“乡愁”与“现代”并存

一径抱幽山，居然城乡间。浙江的城市智慧用能，乡村更是一片“深绿”。

杭州淳安下姜村的制茶工艺经历了炭火和电炒两个阶段。在春茶炒制旺季，下姜村光储充一体化光伏板车棚下，茶农在电加热的茶机上进行茶叶制作的杀青、定形等一系列工序，阵阵的茶香总能吸引不少游客围观。

通过茶机上的智能检测设备，茶农们还能收到一份当日炒茶实现的减排量记录单。“炒制100斤茶叶需要约600度绿电，相当于减少163.2千克碳排放。”炒茶工汪师傅介绍。相比炭火，电炒设备炒出来的茶叶由于锅温更稳定，质量更好。电炒已全面取代炭火成了农户们最喜欢的炒茶方式，而配上“新茶碳单”的新茶更受到全国各地顾客的喜爱。

过去10年，浙江坚持绿色发展，推进乡村振兴，让乡村得以保留那份“乡愁”，同时又不失“现代感”。行走在浙江乡村，清晰可见的是新型电力系统省级示范区的建设为支撑乡村的“现代感”提供着底气。

在浙江安吉白鹤滩—浙江±800千伏特高压线路工程（浙江段）施工现场，浙江省送变电公司员工完成压接导线后正前往下一处工作地点

V2G充电设施谷时充电、峰时放电，辅助电网削峰填谷，放电产生的收益还能给在此充电的村民带来收入。在宁波，村民贝蓓就享受到了这份“绿色”红利——在每天8时至11时、13时至16时，她以3.5元每千瓦时的价格用新能源汽车向电网放电；11时至13时，她以1元每千瓦时的价格给新能源汽车充电。一个月下来，她赚到了1200多元。

在温州瑞安，供电公司借助“乡村振兴绿色发展指数”，为温州地区第一家在境外上市的民营企业建设光伏设施，有效助力企业降本增效，推动乡村产业升级转型。

一辆辆电动汽车实现满格续航，于乡村的晚霞光晕中驶入夜色。浙江丽水景宁畲族自治县大均村步入了不停电的100%绿电生活。舟山花鸟岛上，一个“互联互济、互联互通、互供互备”的区域绿色能源生态圈正在慢慢形成。

2014年，浙江成为国家电网公司经营范围内首个实现“村村电气化”的省份。截至2021年底，浙江农网供电可靠率达到99.9567%。

劈浪前行的红船、风云竞逐的杭湾、青瓦白墙的小镇、明亮闪烁的灯火，共同组成了浙江生生不息的意象。让我们一起来记录这些平凡却又非凡的浙江电力故事，记载“重要窗口”的演变历程，从而记住一个时代如何于细微处渐渐脱胎换骨。愿钱塘人家，繁华永不落幕；愿执灯之人，脚步始终坚定，从而用电照亮之江大地更为美好的明天。

（朱　怡　陈丽莎）

第一章

之江潮涌

ZHIJIANG CHAOYONG

之江，即为钱塘江，古称浙，全名“浙江”，因江流曲折得名“之江”。它是滋养一方生灵的母亲河，同时也是一条文化之江、思想之江，“求真务实、诚信和谐、开放图强”的浙江精神就孕育于此。它是“浙江奇迹”背后的精神密码，也是新时代续写“浙江奇迹”的战略打法。国网浙江电力以此为指引，勇立潮头，奋楫争先，开拓创新，用心服务，从产业振兴、用电质量改善到人居环境提升，再到能源发展、共同富裕，为“人民电业为人民”的企业宗旨写下了最生动的篇章。同时，国网浙江电力锚定未来，在承继原先打造高弹性电网的基础之上，提出“数字化牵引新型电力系统”，使浙江电力迈向高质量发展之路的脚步变得更加从容与稳健，为解决人类面临的共同问题提供了可行的中国方案、国网智慧、浙江实践。

银线迢迢跨越山海

山高水长，铁塔巍巍，银线迢迢。

望着大山里正在进行竣工前验收的白鹤滩—浙江±800千伏特高压直流输电线路，全国劳模叶建云感慨不已。

他既惊叹于眼前这项异常雄伟的超级工程，又回想起这些年他经手的大大小小工程。这一切，最终凝缩成浙江电网不断发展变化的图景。

2021年，浙江完成电网固定资产投资3585亿元，比上个10年增长120%，以特高压为骨干、500千伏为支撑，各级电网协调、城乡供电可靠的坚强电网在之江大地绵延生长，迢迢银线连接送受两端，从根本上改变了长期制约经济发展的电力紧张局面。

浙江实现特高压零的突破，建成“两交两直”特高压骨干网架，变电、换流容量达到3400万千瓦。浙江35千伏及以上输电线路长度从6万千米，增长至8.2万千米，增长36.7%。500千伏舟山联网工程建成投运，舟山第一次通过500千伏电网与大陆相连，浙江实现11地市500千伏网架全覆盖。南麂岛与大陆35千伏联网输变电工程建成，南麂岛居民第一次用上大电网电，省内全部建制镇并入大电网。

国网宁波供电公司工作人员对500千伏舜明线改造段线路进行验收

骨干网架建成　迈入特高压时代

近年来，浙江持续推进以特高压为代表的主网架建设，增强电力供给能力，充分发挥能源电力在服务浙江经济社会发展、推动供给侧结构性改革、推动长三角一体化、共同富裕示范区建设等重大战略和任务中的作用。2013年，淮上特高压投运，浙江正式迈入特高压时代。截至2016年，灵绍特高压直流输电工程建成投运，浙江形成灵绍、溪浙、浙福、淮上“两交两直”特高压骨干网架。

特高压技术的创新和广泛应用，改变了浙江的用电格局，在能源上实现互联互通，资源配置得到全面优化，能源利用效率进一步提升。截至2021年底，浙江电网最大外受电能力3570万千瓦，最大外受电量约1800亿千瓦时。

如今的浙江，正全力推进白鹤滩—浙江特高压工程，而甘电入浙特高压工程在不久的未来也将为我们带来大西北广袤原野上清洁的风、光，“两交四直”的特高压网架，将让浙江充分享受能源跨越时空流动的便捷与清洁。

超高压全部覆盖　建制镇全面接入

2019年1月，舟山500千伏联网工程投产，11个地市全部拥有500千伏网架。

浙江新投运20座500千伏变电站，变电容量5685万千伏安，成为国家电网公司第二个超高压变电站数量超过50座的省份。更加坚强的网架结构，助力地方经济获得新发展动能。

而2020年底投运的南麂岛与大陆35千伏联网输变电工程，更是一举实现省内全部建制镇并入大电网，为浙江海洋生态经济发展提供坚强支撑。

回忆这些变化，全国劳模叶建云感慨不已。一项项打破世界纪录的电网工程，在他手中“孕育”而出，对他来说这是莫大的光荣。

在叶建云眼里，这些年，电网不仅规模快速扩张，而且电网数字化水平、智能化水平、安全可靠性相较过去，亦不可同日而语。展望未来5年乃至更长期，叶建云说，期待浙江电网在数字化牵引之下，走出一条更加经济、安全、智能的先行道路，支撑浙江经济社会高质量发展。

配电网全面提升　核心区国际领先

配网是用电“最后一公里”，直接关系人民用电福祉。过去10年，浙江持续加快建设“坚强可靠、绿色低碳、智能互动”的城市现代配电网。

2022年11月2日，“西电东送”特高压工程累计向浙江输电突破5000亿千瓦时。图为空中俯瞰±800千伏特高压金华换流站

到2021年，全省城网供电可靠率超过99.99%。杭州、宁波等重点城市核心区供电可靠率达到99.999%，达到国际先进水平。

城网越发可靠，农网改造同样取得巨大成就。浙江以提高配网供电可靠性和智能化水平为核心，新一轮农网改造工程让配变台区优化布局，小城镇、农村电网有效整治安全隐患，农村用电水平和质量全面提升。改造区域内中心村供电可靠率达99.931%，能与全国大部分城市水平相媲美。

电网发展有助于产业兴旺。顺着泥塘山小路蜿蜒而上，经过一片清澈的湖泊，忽见山间屋舍错落有致，这是位于桐庐的全电民宿——“厚院村舍”。远远望去，茅草屋、黄泥墙，村头古树、屋后池塘，云雾怀抱，原始而古朴。进入屋内，却是另一番景象：电地暖、电壁炉、电磁炉、电动天窗……现代化装饰风格，电气设施一应俱全。“在大山深处、乡村田野间享受自然风光的同时，还能体验城市生活的便捷。”来此的游客纷纷如此感慨道。

从钱塘江畔的灯火辉煌，到东海之上的渔村灯火。跨越山川，穿过海洋，只为和你在日暮黄昏之时，共看人间华灯初上。

（张正华　黄　帅　丁　豪）

从高弹性到数字化牵引

近年来，浙江经济社会发展不断跨越新台阶。与之相匹配，电网也正变得越来越安全、绿色、高效。

浙江是经济大省，同时又是“能源小省”，全省一次能源自产率只有5%左右。国网浙江电力创新思路，以探路先锋的角色，率先探索能源互联网形态下多元融合高弹性电网建设，以及新型电力系统省级示范区建设路径，以数字化为牵引，加强能源的时空互济能力，支撑之江大地发展一路高歌猛进。

新型电力系统建设成效初显

自2013年以来，浙江实现特高压零的突破，大大提升接收外来电能力。当前，浙江电网已基本建成以“两交两直”特高压为核心，以“东西互供、南北贯通”500千伏环网为骨干，以西部外来电和东部沿海电源群为支撑，各电压等级电网协调发展的坚强网架。

截至2021年底，浙江电网最大外受电能力3570万千瓦，最大外受电量约1800亿千瓦时。

正在推进建设中的白鹤滩—浙江特高压工程，未来也将吸收来自西部源源不断的清洁电能，穿越山川大地让浙江电网更有张力。

在配电网领域，共同发展成为关键词。目前，浙江城市供电可靠率达99.9908%，农村电网供电可靠率达99.9567%，均高于全国平均水平。

回顾近年来的能源转型发展，唯一不变的就是一直在变。推动能源转型，是需要动态调整的长期任务，归根结底要破解安全可靠、清洁低碳、经济高效“三元矛盾”。

针对痛点，2020年以来，国网浙江电力在“节约的能源是最清洁的能源、节省的投资是最高效的投资、唤醒的资源是最优质的资源”的理念指引下，开展了一系列增加电力系统弹性的智能应用与实践，包括发展动态增容、储能、氢电耦合、虚拟电厂，构建需求响应“资源池”等，加强电网削峰填谷能力，让电网更有弹性。

与此同时，近年来，绿色电网建设也是重要旋律之一。以光伏为代表的新能源改变了浙江的电源结构，成为浙江省内第二大电源。对此，国网浙江电力多措并举提升新能源消纳能力，逐步适应高占比的新能源接入。

神经元路灯点亮乌镇

2021年，浙江省新能源新增装机容量555万千瓦，新能源新增装机容量占新增总装机容量的77.6%；发电量347亿千瓦时，同比增长24.4%。这些新能源，全部得到消纳。

推动电源供给侧多元化、清洁化，推动电网输送侧高弹性化、智慧化，推动储能侧规模化、社会化，推动用户侧提升能效水平……通过深化能源互联网省域实践，引领能源清洁低碳发展，国网浙江电力致力于解决外来电和新能源这两个不确定性问题，探索新型电力系统建设路径，且成效初显。浙江电网正朝着“源网荷储柔性互动”方向加速发展。

电网业务向数字化牵引升级

截至2022年7月，国网浙江电力在承继原先打造高弹性电网的基础之上，提出“数字化牵引新型电力系统”，再次更新对新型电力系统省域建设的认知与实践。

在数字化牵引下，电网业务正变得越来越智慧高效。

10月28日，国网浙江电力调度员钱凯洋通过电力保供数字驾驶舱，实时监测电力平衡情况。该驾驶舱整合了负荷侧、电源侧的资源数据，可精准研判未来4小时全省电力平衡情况，保障电力稳定供应。

在推进新型电力系统建设的过程中，国网浙江电力聚焦能源互联全环节和企业管理全过程，通过数字化手段提高调度、设备、营销等全专业工作效率，提升电网治理效能。

在设备领域，为提高状态感知水平，国网浙江电力构建了“无人机+可视化+在线监测”立体协同巡检模式。国网浙江电力部署1852套视频监拍、微气象及覆冰监测等装置和7座固定式、移动式无人机机巢，实现了相关输电通道逐塔可视及无人机自主巡检全覆盖。

基层电网业务效率也在数字化应用的加持下明显提升。11月1日，国网长兴县供电公司泗安供电所台区经理张庆丰在外工作时收到了来自i国网App的客户新装申请。他将工单立即转派给了在附近巡检的同事，较以往返回单位通过电脑端派单节省了很多时间。

国网浙江电力开展i国网App“掌上数供”平台建设，打造数智型供电所。截至目前，多个作业终端的32个功能迁移到i国网App“掌上数供”平台，工单掌上处理率达99%以上。

国网浙江电力建设运营的浙江省能源大数据中心，实现电、气、水等全品类用能数据采集及在线分析，可动态监测用能趋势，服务企业用能诊断和能效对标，以数字化手段支撑政府和企业开展能效管理。

目前，国网浙江电力已全面启动数字化牵引新型电力系统建设工作，提升了对海量分散资源的可观、可测、可控、可用能力，提高了电力系统调节能力、企业治理能力和社会综合能效。

同时，国网浙江电力还统筹建设企业级数字基础设施，探索数字化牵引空调负荷管理等重点场景应用，推动电网管理向智能化、跨业务、跨层级的协同模式转变，助力新型电力系统建设。

电网调节更柔性精细

加强需求侧精细管理，提升电网调节能力，是国网浙江电力推进数字化牵引新型电力系统建设的重要应用场景之一。

2022年夏季用电负荷高峰时期，空调等降温负荷在浙江全社会负荷中的占比接近40%。据国网浙江电力营销部工作人员介绍，对调温等重点负荷进行控制管理，既能保障电网安全稳定运行，又能培育全社会节能意识，助力企业提升能效水平。

下姜村低碳民宿

10月28日，杭州人工智能产业园工作人员打开手机里的低碳楼宇数智管理应用，按下调峰响应键。几秒钟内，空调排风的声音逐渐减弱，公共区域80%的照明设备逐渐关闭。国网杭州供电公司对该园区实施了绿色低碳用能软硬件改造，细化用能数据采集。一键启动调峰响应后，园区内的空调、照明等设备同时响应，可自动调整用电负荷。

该园区绿色低碳改造项目发起人、国网杭州滨江供电分公司服务拓展班班长徐川子表示："杭州市主城区有很多产业园区、办公楼宇和商场，如果这些用电客户能够错峰用电，可以节省20%—30%的用能成本。"

在制造业发达的宁波，国网宁波供电公司实行"电力跟着订单走"，挖掘非生产性负荷潜力，应用数字化手段，实施空调负荷科学管理，确保"千瓦可控、度电可调"，实现负荷调节控制微感、无感。

"国网宁波供电公司通过集中监测698个公共建筑单位空调负荷变化，实施短时关停、调节冷水温度、提高出风温度等差异化管控措施，实现让电于民、助企纾困。同时，该公司在用电高峰时段引导客户错峰用电、节约用能，助力全社会节能降碳。”宁波市能源局综合规划处工作人员陈正东说。

国网浙江电力通过整合分散资源，打造需求响应资源池，助力提升电网调节能力，实现能源高效利用。截至目前，浙江已累计建成1100万千瓦日前级、200万千瓦小时级、130万千瓦分钟级可调节需求响应资源池。

据国网浙江电力发展部相关规划，在数字化牵引新型电力系统建设下，电网“四能”“四力”建设成为着力点。

“四能”，即政策赋能、刚柔并济全社会共建共担，丰富储能、实现供需跨时空灵活互济，科学用能、以高弹性促进高质量发展，坚决节能、以能效优化置换调节空间，“十四五”期间，目标助力全省单位地区生产总值能耗下降15%、达到0.35吨标准煤/万元。

与此同时，国网浙江电力还将强化“四力”，通过电源合力支撑、电网弹力支撑、数字活力支撑、创新动力支撑，推动电网真正实现安全可靠、清洁低碳、经济高效。

（陈丽莎）

企业治理能力现代化

随着“双碳”目标提出，电网企业既面临着加快建设新型电力系统、推动内部体制机制和业务变革转型等严峻挑战，也面临着迫切需要夯实基础管理、提升核心竞争和创新发展能力的重大考验。

近年来，国网浙江电力立足电网运行实际和行业发展需要，以改革创新为动力，加快数字化转型，持续推进企业治理能力现代化，强基础、促转型、增动能，为建设新型电力系统省级示范区注入强劲动力。

强基础：夯实企业发展基本盘

班组作为电网企业最基本的单元，是企业发展的基石。国网浙江电力在应用数字化手段、优化薪酬体系、聚焦主责主业、加强队伍建设等方面齐发力，加强基层、基础、基本功建设，协调推进电网转型、企业转型，加快完善中国特色现代企业制度。

以管理下沉、重心下移为核心思路，国网浙江电力在杭州试点探索设备运检全业务核心班组建设，梳理输电、变电、配网15类设备运检班组78项核心业务清单，明确166项业务类别及能力要求，开展设备运检全专业核心能力提升工作，确保班组核心业务“自己干”“干得精”、常规业务和其他业务“干得了”“管得住”。

国网浙江电力还以数智转型赋能班组治理体系优化。2020年，围绕数字供电所改革，国网宁波市鄞州区供电公司将员工业务工单化、工单数字化。在此基础上，基于i国网App开发“数智化供电所管理平台”，改变原有的班组长直接派单的模式，由专门的综合管理人员线上统一派发工单，员工在手机终端接收工单，每个工单都“留痕”，为量化评价员工工作提供依据。

同时，国网浙江电力不断深入推进班组数据最多录一次，供电所薪酬包干等创新实践，在提升基层管理水平和工作质效上取得了显著成效。

班组建设影响根基，顶层设计把握方向。2022年9月29日，《浙江省电力条例》正式出台。作为“双碳”目标提出后颁布的第一部综合型地方性电力法规，《条例》以立法形式保障新型电力系统建设和电力安全稳定运行，明确电力事业发展中的政府、企业、社会各方职责，将有利于推动浙江省能效水平提高和绿色低碳发展，也进一步强化了公司合规建设制度保障。

筑起专业部门把关、规章制度规范、合规主管部门审查“三道防线”，是国网浙江电力不断提升合规管理水平、保障公司高质量发展的具体实践之一。

自2019年全面导入合规管理体系以来，国网浙江电力目前已在省、市、县三级建立起“1名合规专职（责）＋N名部门合规管理人员”的合规管理队伍；将合规管理培训纳入公司年度培训计划，实现各级领导班子成员、管理人员、重要风险岗位人员、新入职人员合规培训全面覆盖；引入党支部合规监督，党政齐抓合规，常态化开展关键人员合规意识培训，筑牢公司高质量发展的基础。

电力工人在手机上使用i国网App完成数智化供电所业务工单

促转型：激发企业发展潜力

激发、维持组织活力的良性机制和激励体系，提升员工能动性，是激活企业内生动力的根本遵循。近年来，国网浙江电力正探索将具备转化条件的科技创新成果统一纳入成果转化平台——国网浙江新兴科技有限公司实施转化，并按照科技人才的具体工作量分配成果转化所得收益。

2022年8月22日，国网浙江电力第一批虚拟项目收益分红到账，来自国网绍兴供电公司和国网桐乡市供电公司的16名员工收到了分红。这笔收益源于他们参与的“三零智控补油装置”项目成果转化。

为进一步激发职工创新创效的积极性，国网浙江电力针对双创项目主创人员实施虚拟项目收益分红激励机制，精准衡量工作业绩、价值贡献，推进知识、技术、人才等生产要素按贡献参与分配。

除本次核发到账的收益分红外，国网浙江电力2022年还促成其他6项成果实现转化，预计收益分红达100万元，届时还有39名科技创新人员会收到分红激励。

聚焦新型电力系统关键技术研发和人才培养，国网浙江电力还畅通高校院所、上下游企业的交流渠道，打造了一批“双创”基地，创建激发企业活力的良性机制和激励体系。

自2017年起，国网浙江电力着力打通职工创新成果转化的市场交易与收益分配两条通道，仅2017—2019年就促成65项职工创新成果实现市场化公开交易，转化收入达到1006万元。这在激发职工创新创业热情的同时，也为后续实施分红激励机制奠定了基础。

除了实施与项目收益紧密挂钩的薪酬激励措施，国网浙江电力还在人才任用上深化体制机制改革。在科技创新领域，配套建立柔性引才机制，根据业务发展需求和项目研发需要，通过全职聘用、双聘双挂、合作研究等多种形式集聚内外科技人才，组织人才共同开展科技创新和成果转化，推动人力资源由“硬流动”向“软流动”转变。

“这样的柔性引才方式为系统内有志于科技创新的人才提供了平台，也打破了企业初创期人力资源总量小、结构不尽合理的困局，实现了双赢。”国网浙江新兴科技有限公司首席技术总监刘周斌说。2021年，该公司第一批引进双聘人员8名、兼职人员1名，为后续开展创新工作提供了人才支撑。

依托企业内部体制机制变革，国网浙江电力发展动能全面释放。2021年，该公司研发投入指数为2.34，科技成果指数达到3.41，均处于国际领先水平。

增动能：推动企业运营提质增效

建设新型电力系统，把能源的饭碗牢牢端在自己手里，对攻克“卡脖子”技术提出了进一步要求。国网浙江电力通过建设实验室开展自主攻关、联合创新，探索推动分布式电源、智能配电网等创新技术实现“从0到1”的突破。

2015年，分布式电源和微电网控制技术实验室在浙江落地，成为国网浙江电力首家获批建设的国家电网公司级重点实验室。截至目前，国网浙江电力已建成各级实验室21家，其中省部级重点实验室2家，国家电网公司级实验室5家，公司级实验室14家。

加快科技创新成果及先进技术向标准转化，最终是为了带动中国电力产业、技术、工程和服务“走出去”。

国家绿色技术交易中心2021年成果大市场发布会

自2017年起，国网浙江电力共参与20项国际标准立项，其中主导立项15项，已发布5项。通过主导立项国际标准，将中国电力优势、特长技术推向国际市场，让世界听到“浙电之音”。

近年来，国网浙江电力专利授权数量爆发式增长。截至目前，已获得专利授权总量12333件。顺应中国制造向中国创造转变的大势，国网浙江电力科技创新服务能力稳步提升，为公司奋力建设世界一流企业提供了强有力的支撑。

依托各维度创新机制布局，“十三五”期间，国网浙江电力共获得省部级及以上高等级科技奖励312项，其中国家科学技术奖2项、浙江省科学技术奖66项、中国电力科学技术奖55项，在电能表计量检定、柔性直流输电、海洋输电装备、特高压设备故障预警、灵活负荷等关键领域实现了一系列重大技术突破。国网浙江电力在国产化替代之路上笃定前行，逐步实现关键核心技术自主可控。

为盘活绿色技术创新活力，国网浙江电力统筹技术研发和应用。2021年5月，国家发改委批复同意以国网浙江双创中心为主体，设立全国首家国家绿色技术交易中心，为绿色技术供需双方提供了合作交流的“快速路”，助推市场导向的绿色技术创新体系构建。

国家绿色技术交易中心自成立至2022年10月，已上架1810项绿色技术，促成328项绿色技术交易，交易额达5.89亿元，撬动超百亿元绿色产业投资。

（徐梓沐）

创新驱动高质量发展

2022年11月7日，杭州市余杭区许女士完成二手房交易后，躺在家里沙发上，轻点手机就完成了水电气网过户。

从2017年衢州率先试点居民房产交易和电水气联动过户服务，到现在水电气网一网通办，这几年来，浙江人办电办水办气便捷程度的提升，是看得见、感受得到的。践行“最多跑一次”改革，国网浙江电力推动办电业务从“最多跑一次”到“一次也不跑”，内容虽然更多了，但办理更便捷了。这种显而易见变化的背后，是该公司以创新为引领，以数字化驱动，通过科技赋能，不断优化电力营商环境，用贴心、细心的服务，换来老百姓信任、信服的缩影。

2019年以来，围绕高质量发展、能源绿色低碳转型和电力服务效能提升，国网浙江电力统筹电网发展和服务优化，努力让用户用上安全电、绿色电、省钱电，让用户便捷办电、无忧用电。加快建设具有中国特色的、国际领先的能源互联网企业，把助力社会生产生活方式现代化，进而助力浙江奔向共同富裕的前景，一步步变为实景。

创新驱动，让电网发展插上科技的翅膀

2022年6月16日，全国首个柔性低频输电示范工程在台州启动投运。

工程研制35千伏柔性交换频站、低频风机等19项国际首台首套设备，在技术上实现众多国际领先，为中远距离海上风电开发提供了新解决方案。

新技术产生新动能。随着国家先后提出碳达峰碳中和、构建新型电力系统，能源电力领域迎来新变局，新技术新应用将会把这个变局推向更深远和更广阔的领域。

秉持“科学技术是第一生产力”理念，国网浙江电力坚持创新驱动，深化科技赋能，在电网前沿科技上持续取得突破。2019年，舟山500千伏跨海联网工程建成投运。建设过程中，先后研发世界首条交联聚乙烯海缆、建成国内最大的海缆施工船，填补国内诸多空白，创下14项世界纪录，科技“含金量”十足。

全国首个柔性低频输电示范项目在台州大陈岛投运

创新之路如同马拉松，起跑后只有一往无前。能源电力的发展变革，催动着浙江电力创新之举犹如雨后春笋，催动着浙江电力科技创新遍地开花。在湖州，国网浙江电力全球首次开展220千伏分布式潮流控制器（DP-FC）人工短路试验，为分布式潮流控制技术全面推广应用奠定基础；在嘉兴、杭州等地，国网浙江电力开展设备动态增容，推动电网能效提升，为建设高弹性电网提供技术支撑。而在全省范围内，一键顺控、配电自动馈线等技术以及无人机、机器人等智能设备的应用，不仅让电网运维更加智能，也让电力供给更加安全。2022年，全省户均故障停电时间降至0.76小时，城乡供电可靠率远高于全国平均水平。

创新驱动，让电力服务驶上数字化快车道

“不到7天，我新开民宿的水电网就全部接通，不仅省去2万元接电成本，还可以在旅游高峰到达之前顺利营业。回头看一下，数字化带来的便捷，真让人感慨万分。”杭州余杭百丈镇民宿老板李胜在刚开的民宿里，对检查用电的电力服务人员说。

数字春风拂面而过。随着“数字浙江”建设的深入推进，大数据与各行各业深度融合，催生了诸多新业态，也正在改变着这个社会的生产生活方式。

这在电力服务中，也取得了期望中的结果。

近年来，国网浙江电力不断推进数字化与电力服务融合发展，利用政企协同办电信息共享平台，供电方案答复时长压缩了1/3，大幅提高了企业接电效率。电力接入项目“行政联合审批”模式，将客户申报材料由39项缩减为3项，将10千伏项目审批时间由平均2个月缩短至7天。在杭州，国网杭州供电公司推出水电气网联合服务，探索水电气网一网通办，创建一

口登记、一表申请、一窗受理、一同踏勘、一次承诺、一并接入、一网流转的“七个一”办理新模式，实现公用服务提速增效。这些点点滴滴的努力，换来的是办电更加便捷、更加省钱，是人民生活品质的提升，更是城市形象的提升。2021年国内营商环境评价中，杭州“获得电力”指标位列全国城市第四。

数字技术与电力的融合，让服务模式不断取得新的创新、得到新的拓展。积极开展“供电＋能效服务”，通过改变用能方式、改造设备等，有效提升企业能效水平，帮助企业降低用能成本。研发应用“转供电费码”，避免转供过程中可能存在的不规范行为，确保政府和供电公司的政策红利能够精准到达用户手中。与此同时，电力公司相继研发出“企业复工电力指数”“电力消费指数”“乡村振兴指数”等数字化产品，从电力服务的维度助力经济发展，服务民生保障。

创新驱动，让能源转型涂抹绿色底色

2022年11月4日，位于遂昌县龙祥村光伏基地内，村民周祥林在满是秸秆、稻壳覆盖的土里栽下一块块大球盖菇菌种。当地人利用农业废弃物作为培养料，在光伏板下培育大球盖菇，实现解决秸秆焚烧、农民增收致富和乡村清洁用能的三效合一。

这样的场景，在如今的浙江成为随处可见的风景。近年来，国网浙江电力统筹电力保供和能源转型，以创新驱动能源绿色发展，提升电力供给能力，丰富绿色低碳底色。在嘉兴海宁，越来越多的家庭安装光伏，新型电力系统调度体系推动新能源就地消纳，缓释新能源不稳定性的冲击，让“人人光伏”战略从目标成为现实。在金华武义，“菌光互补”让菇农傅杰夫妇年收入达40多万元，盖起小洋楼，日子过得有滋有味。而在台州玉环、温州苍南、宁波象山，越来越多的风机矗立在广袤海面上、绵延山巅上。

创新驱动外化于行，内化于心。这些改变的背后，是国网浙江电力在不断探索管理创新、技术创新。早在2010年，国网浙江电力就开展电动汽车充换电服务关键技术研发和网络建设运营实践。截至2021年底，全省电动汽车保有量超过85万辆，是2017年的20多倍，杭州主城区公交车实现100%清洁能源化。各地也在开展绿色产能用能实践，探索以新技术改变传统产能用能方式。在杭州，应用溶液打印技术。国网杭州供电公司用钙钛矿光伏板替代碳晶光伏板，使光伏板与建筑色彩融为一体，让绿色建筑、近零碳建筑成为可能。在嘉兴海盐，传统土灶换了芯，将柴火加热改为电磁加热，美丽乡村绿意盎然。一个个电力创新和能源转型的生动实践，给人们带来享受绿色生活的幸福感。

海宁尖山大力推进“光伏＋储能”项目，新能源发电占当地全社会用电量比例达35%—40%

回首过去，浙江电力人创造了一个个伟大工程，树立了一个个示范样板，也收获了一个个衷心感谢。乘着能源革命和技术革命的东风，国网浙江电力将继续坚持创新驱动发展理念，踔厉奋发、笃行不怠，以能源电力变革催动生产技术变革，以电网高质量发展支撑经济社会高质量发展。

（张正华）

数智基因“浙”里跳动

数字时代，变革之中蕴藏无限可能。

一头接电源，一头连用户，电网连接起整个电力系统，保障用户安全可靠用电。近年来，浙江电网数智化进程逐步加快，保供能力持续提高。浙江电网越发“聪明”智能，它不仅可以预测未来、自主控制，还有强大的学习能力。数智化“敲门砖”开辟出浙江电网的价值创造新空间，释放出社会跃迁新动能。

传感设备作为智能电网的“神经末梢”，推动物理形态电网向数字形态电网进化。

国网浙江电力积极稳妥推进“两个替代”建设应用，通过一键顺控操作替代常规倒闸操作、远程智能巡视替代现场人工例行巡视，加快提升运检质效。

建成一键顺控功能变电站82座，累计开展一键顺控操作2783次，节省操作时长6858人工时。实现雨雪台风、洪涝灾害等极端天气下，故障设备快速隔离以及电网运行方式快速恢复，有效提升应急抢险能力。

建成远程智能巡视功能变电站195座，累计替代人工例行巡视2649次，节约5574人工时。

在浙江，电网员工利用无人机搭载的激光雷达，扫描获取线路设备和周围环境的密集点云，完成全域配网线路的三维建模，实现无人机巡视由二维平台向三维立体的转变。运维人员通过数字孪生电网重现的线路周边立体环境，大幅提升配网线路巡视效率和精度。

在绍兴马鞍，量子开关在电力设备与配电自动化主站间构筑起一条量子加密安全隧道，106台量子智能开关全部接入配电自动化主站，实现全域主干线173个分段负荷可测可控。得益于量子智能开关的全覆盖，电网学会了自我诊断、自我修复，一张更加安全可靠、柔性灵活、可调可控的区域智能配电网初具规模，故障查找时间也从小时级压缩到分钟级。

结束了奔赴现场整体摸排、以脚步丈量用电安全的时代，依靠全感知配电房、巡检无人机、AI机器人，电力员工远程就能够精准找到故障位置、判断故障原因，并远程执行验电、倒闸、紧急分闸、日常检修等任务。

在数字新技术的加持下，电网运行稳定性实现飞跃。从故障停电时间看，2012年全省户均故障停电时间7.09小时，2022年降至0.76小时，同比缩短89.28%。

智能巡检机器人“上岗”提高变电站智能化水平

电网供电可靠性在攀升。作为亿级负荷的大电网，2021年浙江城市和农村供电可靠率分别达99.9908%和99.9567%，远高于全国平均水平。

在杭州，杭州城网户均停电时长已低于20分钟，供电可靠性超过99.996%；核心区域已达到99.999%的世界最高供电标准，户均停电时间低于5分钟。

电网供电质量上精益求精。2021年综合供电电压合格率为99.9%，客户服务满意度为99.55%，位居国际领先地位。

数字化平台作为智能电网的“最强大脑”，助推新能源并网消纳。

2012—2022年，浙江新能源装机容量达到2498万千瓦。国网浙江电力充分利用信息采集平台、储能、氢电耦合、动态增容、分布式潮流控制等一大批新型电力系统相关新技术，实现全省低压并网分布式光伏的信息采集；结合数值天气预报，实现多口径、多区域、多时间尺度光伏发电功率预测，提升分布式电源与可控负荷、储能的协调配置能力，实现新能源100%消纳。

国网浙江电力工作人员走访辖区企业，为企业发展送上定制的能效方案

浙江积极探索需求响应场景。在用户侧通过工厂、商场、电动汽车充电设施等电力用户参与供需调节，来实现削峰填谷。在义乌，供电公司完成义乌虚拟电厂平台和输变电工程有限公司电力实业分公司充电桩管理平台的对接，接入了58座充电站（合计454个充电桩、627把充电枪）的数据，通过控制充电功率的方式，精准调控下辖的充电桩负荷，保障供需平衡。

截至目前，浙江累计建成1100万千瓦日前、200万千瓦小时级、130万千瓦分钟级可调节的需求响应资源池，可中断负荷已突破700万千瓦。

电力大数据作为智能电网与企业发生化学反应的“试剂”，推进能源优化配置，催生出新产业、新业态、新模式。

建设新型电力系统，促进源网荷储协同互动，向着空白处挺进。在杭州市萧山区瓜沥党山工业园区内的奔马化纤纺丝公司厂房内，每条生产线都新增了一台余热回收机组，让余热发电并网。在供电公司的指导下，该厂通过节能改造，年节约蒸汽6000吨，减少碳排放2000吨，整体能耗下降11%左右。

政府和供电公司指导企业实施节能降碳举措，这背后所依靠的，正是能源大数据中心。

在浙江省能源大数据中心平台上，可以看到屏幕上跳跃着的是驱动浙江经济社会发展的用能数据。这是浙江为实现全省能源安全运行、重点用能单位监管和能源领域“双碳”建立的第一个数字化平台，承担了全省全品种全过程能源数据的采集、汇聚、加工和应用。

依托电力大数据，浙江面向政府、企业、公众等不同对象，重点打造了60余项数据产品，服务逾3000万名用户能源治理。电网大数据这把“标尺”，正帮助越来越多的企业树立起用能预算化管理的意识，达成全社会推进能源优化配置的共识。

时光如梭，电网的每一次智能化发展都带着排山倒海的力量，对个人和企业产生巨大的影响。然而数字化牵引下的电网变革是一场马拉松，起跑的指令刚刚发出，过程中需要冲刺，更需要耐力。人们期待着，也相信着，在未来，必将看到电网的又一次蝶变！

（徐梓沐）

电力营商环境“日日新”

20世纪10年代，浙江第一块电表远渡重洋，从瑞士引入杭州，用一次次精确的电能计量联结着客户和电网。

1987年，以电费计算为核心的单机版用电管理系统在绍兴投入使用，拉开了电能计量信息时代的序幕。

2010年，随着采集系统上线，数据获取的精细化程度越来越高。

2015年，国网浙江电力在国家电网系统首家实施“互联网＋电力营销”，建成了多元化的线上线下服务渠道。

2021年，国网浙江电力作为国家电网公司推广示范单位建设营销2.0系统，推动电力服务全面跨向数字时代……

一手牵着电力大数据，一手连着千家万户和市场主体。在浙江，随着电网数字化进程加快，电力营商环境也在日益改善。

办电越来越便利快捷

国网浙江电力不断推动政企平台贯通和数据共享。

2017年，浙江衢州率先试点居民房产交易和电水气联动过户服务，深度践行浙江“最多跑一次”改革。

2018年，“刷脸办”“一证办”相继在衢州、温州等地诞生。浙江政务服务网、“浙里办”等平台可自动获取户籍信息、营业执照信息、产权证明信息等多种电子证照信息，实现居民“刷脸办电”、企业“一证办电”。

近年来，国网浙江电力还拓展融合政府办事机构、公共服务行业和社会服务网点等第三方服务渠道，通过建立联动窗口、电力驿站、村网共建等合作模式，推动供电服务触角向每一个角落延伸；建立跨省业务办理互通机制，让异地办理更顺畅。

苟日新，日日新，又日新。

2022年，国网浙江电力加快推进水电气网联合服务，推行水电气网一网通办，创建一口登记、一表申请、一窗受理、一同踏勘、一次承诺、一并接入、一网流转的“七个一”办理新模式，实现公用服务提速增效。

从“最多跑一次”到简单业务“一次也不跑”，浙江正在跑出“获得电力”加速度。

国网衢州供电公司工作人员主动上门服务，了解企业经营生产现状，宣传助企纾困相关政策，帮助企业减轻资金周转压力

接电越来越省心省钱

国网浙江电力利用政企协同办电信息共享平台，将供电方案答复时长压缩1/3，大幅提高企业接电效率；采用电力接入项目“行政联合审批”模式，将客户申报材料由39项缩减为3项，将10（20）千伏项目审批时间由平均2个月缩短至7天，并延伸投资界面降低企业接电成本。

2022年，国网浙江电力推动浙江11个地市出台电力接入工程费用分担机制。该分担机制明确，项目建筑区划红线外发生的电力接入工程费用由政府和供电公司共同承担。

自该机制实施以来，截至2022年9月15日，杭州、宁波、绍兴、衢州、金华、台州、丽水已落地46个项目，涉及金额3.42亿元，有效降低了企业用电成本。

在为中小微企业纾困解难方面，国网浙江电力还不断拓展创新服务模式，“供电＋能效服务”提升企业能效水平，通过直接交易降低企业用电成本，在国内首创“转供电费码”，破解转供电主体认定不清、政策红利无法精准到户问题等，助企减负增效；首创“企业复工电力指数”“电力消费指数”“乡村振兴指数”，在全国推广应用，主动作为，服务“六稳”“六保”。

电力营商环境越来越优质

国网浙江电力一步一脚印，朝着打造全国最优电力营商环境的方向努力。

2021年国内营商环境评价中，杭州“获得电力”指标位列全国城市第四，舟山“获得电力”指标排名国家级新区第十。

国网宁波供电公司建成覆盖全宁波的“同网同质同感”的城乡一体化服务渠道

在互联网之都、移动办事之城——杭州，从关注每一个独立的个体，到支持宏观的城市决策，国网杭州供电公司率先探索开发的经济趋势研判、清洁能源分析、城市治安管理等模块先后落地应用，“电力＋经济”“电力＋能源”“电力＋公安”“电力＋金融”……一个个“＋”号背后，24类电力指标数据与城市治理的方方面面“跨界融合”，为成长中的“城市大脑”开辟了新的知识疆域，也提供了丰富的电力数据决策依据。

在千岛之城、海天佛国——舟山，东极岛从鲜有人问津到迎来各地游客，鱼山岛从近乎荒芜的小渔村到成为全国最大、全球第二的石化基地，秀山岛从少有人烟到成为引领全球潮流能产业的“黄金岛”……伴随岛岛“各美其美”的是海岛电网和供电服务的迭代升级。从告别岛岛孤网运行，到岛岛拥有坚强电网、智能电网，构建海岛电力服务均等化新路径，以实现全域住人岛屿同质化供电服务的脚步从未停止。

2021年，浙江经济总量突破7万亿元，成为万亿美元地区；工业营收跨上10万亿级，成为高质量发展新起点；数字经济保持快速增长，成为数据要素市场化改革先行地……产业新面貌带出新气象。

位居背后的电力供给与服务，像是看不见的“一臂之力”，连接山与海，推动着浙江不断蓬勃向前。

（陈丽莎）

倾听绿色用能的故事

当季鲜甜肥美的大闸蟹已上蒸屉，大锅中蒸着的粽子散发出阵阵肉香……沐浴着秋日的暖阳，海盐县雪水港村周六宝老人正在为难得回家一趟的孙女烹调美味佳肴。明亮的厨房里，灶头上两口锅中弥漫着诱人的香味，进柴口、出烟孔一样不少，却不用一根柴火。

“以前烧柴，现在用电，这一变，厨房和院子干净了很多。”周六宝指着眼前的电磁灶说。清洁能源进入千家万户的厨房里，不改变土灶原貌，只在灶底安装电磁灶，将传统柴火加热改为电磁加热，让美丽乡村绿意盎然。

田间的秸秆、晒干的树枝，曾经为农家人提供了廉价的燃料，但也埋下了火灾隐患，四处堆积的柴火，一度成为乡村脏乱的符号之一。供电公司通过技术革新，让清洁能源入村入户，既保留了农家大锅烧饭的情怀，又让传统文化“灶头画”得以传承。

周六宝算了一笔“经济账”，烧一顿饭需要6斤柴，使用电灶后烧一顿饭需要电费0.4元，而6斤柴卖给生物质厂家能净赚0.8元，不算早餐，一年下来能赚584元。

“在烟熏火燎的灶膛里烧了一辈子饭，没想到老了，我妈却过上了现代生活。新的生活方式依旧能让她保留着对土灶的念想，这也是我们最大的欣慰。”周六宝的儿子许卫东说。

如今的雪水港，476户家庭用上“电灶头”，原先堆放柴火的自留地种起了各类果树。放眼雪水港，屋顶光伏熠熠生辉，村里的光伏路灯、风力发电设施既现代时尚，又自然优雅，呈现出“美丽乡村”的幸福生活景象。

当海盐农家人满脸幸福地讲述着绿色能源让厨房明亮、马路干净、果木成片的美丽故事时，传统工业大区的杭州萧山，正讲述着绿色能源增收共富的动人故事。

在萧山乡村，供电公司配合推广光伏发电进企入户，让企业居民既享受清洁能源的便利，又通过清洁能源创收。

群围村坐落在萧山益农镇，是萧山第一个真正意义上实行“整村光伏项目”的村子。“金色阳光共富未来”光伏项目，正在实践全民共富的新模式。从高空俯瞰群围村，大大小小的屋顶上，蓝色的多晶硅连绵成片，颇为壮观。

“这个光伏项目建成后，年发电量187.74万千瓦时左右，能在很大程度上满足村民的用电需求，这是成色十足的绿色电能。”群围村党总支书记郑剑锋介绍说。

国网海盐县供电公司员工到居民家中查看电灶使用情况

国网丽水市莲都区供电公司员工到碧湖缸窑村光伏互补项目检查光伏发电运行情况

绿色电能不仅深入农家人生活中，更深入农家人生产中。

在平湖市广陈镇龙萌村的东郁植物工厂内，电气化的种苗设备让工厂碳排放量为负数。国网平湖市供电公司为其量身定制“氢光储充”一体化新型智慧能源站。温暖的太阳能为工厂提供了源源不断的电能，年清洁发电量达到34.6万度，降低用电成本146万元。植物光合作用每年可消耗二氧化碳36吨，完全消纳了植物工厂的二氧化碳排放量。碳捕集、碳封存等新技术的应用，让工厂真正实现了“负碳”排放。

除了“负碳”工厂，广陈镇龙萌村的绿色低碳体现在乡村建设的方方面面。“全村推广分布式光伏发电，目标是在低碳试点建设期内，每户均安装分布式屋顶光伏板，降低全村能源碳排放。”龙萌村党总支书记姚秀芳说。

这一系列做法，让广陈镇龙萌村和钟埭街道沈家弄村被列入全省第一批低（零）碳村。“在两个试点村，我们都将低碳理念融入新农村建设改造，大力发展清洁能源。”平湖市生态环境分局相关负责人表示。农户屋顶光伏年发电量8.25万千瓦时，相当于每年二氧化碳减排86.46吨。

如果要赋予过去几年浙江能源电力发展一种色彩，那必定是绿色。当绚丽的朝阳从地平线绽放，一片片光伏板沐光而起，接受太阳的馈赠；当天空开始涌动出阵阵劲风，一座座风力发电机迎风起舞，感受空气的律动。新能源在浙江发展的这些年，如同浙江电力人手执时代劲笔，绘出一幅绿色画卷。

光照资源并不算理想的浙江，一手规模化推广分布式光伏，一手高质量开发生态友好型集中式光伏。光伏在湖面滩涂、山间丘陵和厂房屋顶的方寸之地，因地制宜地遍地开花。

在温州，亚洲最大渔光互补项目上层发电，下层养殖，每年提供电量6.5亿千瓦时，为每亩滩涂创造3000元渔业产值。在海宁尖山，光伏面板铺满了超过100家工业园区的厂房屋顶，人均光伏达1.11千瓦，“零碳”触手可及。

与光伏一起成长的还有风电。

在舟山，浙江最大的海上风电场群在蓝色的大海上，不断转换大自然的馈赠。从温州到嘉兴，从杭州到宁波，越来越多的“绿色”电能正激荡在浙江绵延的海岸线上。

截至2021年底，浙江新能源装机容量达到2498万千瓦，光伏并网容量达到1842万千瓦。新能源的绿色样本跃然纸上。

低碳发展，久久为功。浙江新能源的蓬勃发展，浙江矢志不移推进能源清洁化的努力，注定要在浙江生态文明建设中留下浓墨重彩的一笔，并在新征程中奋力描绘绿水青山的美好未来。

（张正华　宋　丹　沈文文）

从电力视角看浙江乡村的共富美好

费孝通笔下那个乡土社会，那“直接有赖于泥土的生活”，如今在浙江正发生着翻天覆地的变化。智慧农业、全域旅游、高颜值生态、数字信息、高弹性电网……曾经横亘于城乡之间的鸿沟，渐趋缩小。

2021年，共同富裕示范区成为浙江的一张“新名片”。一时间，“浙江农村有多富”的话题频频刷屏，但这不是一朝一夕的努力就可以形成的，而是长期酝酿的成果。

党的十八大以来，浙江乡村发展飞速，城乡差距进一步缩小。从产业振兴、村民生活到人居环境，再到能源发展，从电力视角出发，来看看广袤的浙江乡村大地，正在发生着怎样的喜人变化。

乡村产业高质量发展

眼下，浙江农村产业发展渐趋现代化。

2021年全省乡村农业用电量29.2亿千瓦时，较过去增长145.3%，年均增长率10.5%。全省农业产业用电量的快速增长，意味着全省乡村农业科技的普及及应用程度提高，农业综合生产力不断增强，乡村农业产业现代化发展趋势持续向好。

自动化、智能化的配电网正在惠及乡民。“大云物移智”新技术已广泛应用于农村生产生活中，助力村民从“用上电”向“用好电”转变。

自2020年起，杭州淳安县下姜村启蒙农业园区的用能数据便纳入了下姜村电力驿站的智慧农业平台管理。运行一年多来，大棚能耗、电气设备用电情况通过在线监测，让农户们管理园区用电真正实现省心省力。

与此同时，乡村服务业蓬勃发展。乡村休闲旅游、农村电商等新业态不断涌现，乡村现代服务业大力发展，乡村发展正在释放新动能。

“淘宝村”“电商村”在浙江星罗棋布。在这些村落，每到傍晚时分，那些夜晚通宵直播、白天补觉的店家便开始打包发货。包装快递时撕胶带的“嗞嗞”声代替了田间地头的耕作声。

从国网浙江电力推出的“乡村振兴电力指数”可见，强有力的供电保障有效支撑了乡村产业的蓬勃发展，让数字产业也能在山里落地生根。

目前，浙江城市供电可靠率达99.9908%，农村电网供电可靠率达99.9567%，均明显高于全国平均水平。细数三衢大地、秀丽安吉、富春山居、金色平湖、潇洒桐庐、人间仙居……各地乡村发挥产业特色，实现村美民富。

国网浙江电力聚焦乡村特色产业生产、加工等环节电气化技术和服务产品研发，实现农产业降本增效。以湖州安吉为例，传统农业电气化示范点生产效率提升40%、节省劳动力70%，年增收1500万元。电气化大棚、流水线作业越来越多，一二三产融合加速，农业生产打破了时空界限。

乡村用电不比城里差

随着农村经济发展和村民生活水平的提高，农村用电负荷大幅增长，电力保障是农村基础设施建设的重要一环。

国网浙江电力通过建设新型电力系统，打造坚强稳定的高弹性电网，满足村民用电需求，让美丽宜居乡村打造更有底气，让村里用电不比城里差。

2021年全省乡村居民户均用电量230.9千瓦时，较过去增长66.9%，年均增长率5.9%。农村居民的生活用电需求和负荷的增加，也在证明着农村供电基础设施的发展、农民日常生活的现代化，以及乡村居民生活水平的不断提高。

在浙江，城乡均衡发展的节奏越弹越稳，乡村供电保障越来越可靠，全省乡村居民电力故障修复时长不断缩短，绿电好电下乡的脚步也越来越快。

国网浙江电力在丽水乡村试点应用合闸速断式就地型馈线自动化技术，在45秒内便可实现故障段隔离、非故障区域恢复供电。而以往，山区架空配电网只能实现支线故障就地隔离，一旦主线发生故障将引起全线停电，需要人工巡查故障点并现场操作开展故障段隔离，路途遥远的往往要花1小时以上的时间。

除了供电可靠性，乡村居民生活水平提升的重要标志还有办电的便捷性。

家住金华市浦江县杭坪镇石上头村的周春梅，年过七旬。她来到村里的电力便民服务点，通过当地供电公司创新研发的便民云服务平台，很快就办理了电表新装业务。对于跟不上互联网时代的老人而言，电力便民服务点便是来自家门口的福音。

国网浙江电力探索乡村电力服务模式，通过建设示范星级供电所、“红船·光明驿站”，对接入驻村级便民服务点，以“线上办、就近办、上门办、代您办”实现乡村电力服务到“最后一公里”，推动供电服务城乡同质化。

国网丽水供电公司加强供电设备巡视，保障农业生产用电可靠供应

乡村绿色低碳发展正当时

党的十八大以来，浙江省乡村光伏（水力）发电建设稳步发展，上年全省乡村光伏（水力）发电量达5366.8万千瓦时。光伏（水力）发电量反映了乡村的绿色能源体系建设水平。

国网浙江电力积极顺应乡村绿色能源蓬勃发展的大趋势，通过技术手段服务光伏发展，确保新能源全额消纳，让绿色能源在乡村成为风尚。

在浙江海宁，一道暖阳下，袁花镇彭墩村欣悦佳苑小区村民房屋顶上的光伏发电板闪闪发光，源源不断地把太阳能转化为电能。这些电能通过低压电网被直接输送到了村文化礼堂边的低压储能电站，存进了蓄电池里。

村民白天用电少，晚上用电多。而光伏发电是白天发电多，晚上几乎不发电。储能让村民在夜里妥妥地用上了白天的光伏电。

“这就是我们的居民光伏＋储能。”据国网海宁市供电公司袁花供电所

国网宁波供电公司开展山区农业供电设备巡视

副所长郑文杰介绍，“整个储能电站就像一个‘超级太阳能充电宝’。经过蓄电池充放电后，输出的电能质量也明显提高，有利于实现清洁能源高效利用。这也是开展多元融合高弹性电网在居民光伏侧的早期探索。”

国网浙江电力还通过多元融合高弹性电网建设，科学规划打造农村绿色能源网，通过多能转化和电能替代，有效满足农村多元化用能需求，解决农村能源发展存在的高污染、低能效等突出问题，不断提升电能在乡村终端能源消费中的占比。

这使得绿色能源在乡村得以蓬勃应用，让它不仅出现在村民屋顶，还出现在湖光山色和田间地头。

综观新时代的伟大变革，浙江积极贯彻落实乡村振兴战略，推动构建绿色能源体系，引导农村居民自觉践行绿色发展理念，形成低碳环保的生活方式。

时光如白驹过隙，但所有蜕变清晰可见。从山脚下到水乡里，浙江的乡村在铿锵的振兴步履中，随着历史车轮滚滚向前，穿越崎岖，终将共赴美好。

（陈丽莎）

“无感”用电触手可及

清晨，伴随着第一缕阳光照射进来，全自动窗帘徐徐拉开，悠扬的轻音乐在房间里旋转跳跃。你揉揉惺忪的双眼，伸了伸懒腰，边走向洗漱台边说：“今天天气如何？”智能音响立马播报了当天的天气情况。洗漱完毕，走进厨房，前一晚预约好的五谷杂粮粥已经香气四溢。一出门，屋子里的灯自动关闭。开上电量满格的电动汽车，一路畅通到达单位大楼。

这不是电影、小说中的桥段，党的十八大以来，“浙”样智慧又绿色的生活场景已经成为现实。

我们一步步走向低碳品质生活

先看一组电力数据：2021年，浙江城乡居民用电量741亿千瓦时；全省人均生活用电量突破1000千瓦时大关，达1133千瓦时，比全国人均生活用电量高约36%，接近英国人均生活用电水平。

在浙江，城乡居民生活用电正在保持着快速增长的态势。城乡居民用电量在全社会用电量中的“分量”越重，人民美好生活的“成色”更足。品质生活在“浙”里，显现无疑。

低碳生活也正在加速向我们走来。越来越多的家庭安装了光伏发电设备，实现用电“自给自足”。从浙江家庭光伏发电并网容量看，2016年为

13万千瓦，2017年为82万千瓦，2021年则达到了195万千瓦。这就是居民们“屋顶上的蓝宝石”，不仅用能清洁，还可增收。

越来越多的人正在告别烟熏火燎的灶膛，在冬天的寒夜里如沐暖阳。智能家电让我们从繁杂的家务中解放，船老大不必再忍受柴油机的轰响……电能替代在居民生活、园区工厂、港口码头、景区农场等各个角落都留下了身影。

三衢石林是国家AAAA级景区。国网常山县供电公司为景区制订“全电”改造方案，从出行到餐饮，将景区传统使用散烧煤、瓶装液化气、燃油等非清洁能源全部替换成电能，从而推进乡村旅游产业升级。

曾经难得一见的电动汽车也已然遍布城乡，截至2022年9月底已达110万辆以上，较2020年底增加73万辆以上。全省电动汽车推广数量居全国前列，杭州主城区公交车实现100%清洁能源化，湖州实现全市域公交纯电动化100%全覆盖。

国网嘉兴供电公司上门服务国家级专精特新企业，详细了解企业光伏发电项目建设情况，并指导企业线上查询能效账单，提供节能建议

车有了，充电就得跟上。早在10年前，国网浙江电力就着手开展电动汽车充换电服务关键技术研发和网络建设运营实践。2010年，建成国内第一座商业化运行的杭州古翠路电动汽车换电站；2015年，启动高速公路充电服务网络建设；2016年底，基本实现浙江省内主要高速公路服务区电动汽车快充站全覆盖……

浙江省能源大数据中心数据显示，截至2022年10月底，浙江省已建成充电站7417座、充电桩84397个。其中，高速服务区拥有充电站188座、充电桩1220个。

在解决居民区电动汽车充电的难题上，国网浙江电力主动发力，着力构建居民区电动汽车服务新模式，通过制订老旧小区、已入住小区、新建小区3种不同场景差异化实施方案积极破题。

其中，在布局老旧小区公共充电桩中，国网浙江电力建立属地协同的业务机制，并与物业、街道、开发商等多方合作，共同推进居住区充电桩建设，形成“电网牵头、多方协作”的良好推广环境，有效缓解居民区充电难题。

与此同时，充电设施建设从城市蔓延到乡村的趋势也越来越明显。截至2016年底，乡村拥有充电桩834个，占比11.5%；而到2022年8月底，乡村拥有充电桩20654个，占比28.5%。这意味着，绿色出行的下乡之路越走越宽阔。

我们一步步走向“无感”的幸福生活

电力无处不在，但从来不刷存在感。在优质普惠电力服务的推广中，数字化变革功不可没，用户虽触摸不到，但美好生活却真实存在。

国网浙江电力基于“大云物移智”新技术，持续深化“互联网＋”营销服务建设应用，全面推进全业务、全流程的智能化深度转型，加快传统线下服务向互联网线上服务模式转变。

国网衢州供电公司员工向途经服务区的电动汽车车主介绍一体化可移动式充电站

告别往日的东奔西跑和大汗淋漓，在家动动手指就可轻松完成业务办理。从推行“最多跑一次”到“一次都不跑”，办电业务借力互联网不断便捷化，截至目前，全部业务已实现线上办理。办电做减法、服务做加法，乡村用电也和城里同质化。

淳安下姜村90岁的独居老人姚七月就感受到了数智中的温暖。有次老人因为用电热壶烧水引起跳闸，滑倒在厨房地上，那头淳安乡村智慧能源服务平台就跳出了一条信息：“姚七月老人家中用电情况异常！”5分钟后，村社工江光华就赶到了老人家中，当地供电员工也第一时间为老人安装了新的防水插座。

在关爱老人这件事上，电力大数据当起了“智慧卫士”，通过老人家中的智能电表，分析老人用电情况，经过云端计算，第一时间形成红黄绿“关爱码”预警，让乡村养老服务更加高效、准确和及时。

除了电力和养老的结合，国网浙江电力还持续深化电力大数据应用，打造“电力看经济”“电力看外贸”“电力看低碳”“电力看乡村振兴”等系列大数据服务产品。赋能社会治理现代化，为浙江省推进共同富裕、城乡一体化发展提供更科学的数据分析、指标监测、效能评价手段，提升能源和经济发展研判、预警、管控、执行能力，从而让生活在之江大地上的人们幸福感满满。

2021年4月23日，衢州市常山县芳村镇的徐红华看到自己名字出现在镇政府公示的2021年度享受社会救助人员名单中。这样的帮扶举措，正源于国网常山县供电公司的电力大数据应用。此前徐红华因车祸意外住院，掏空了半辈子的积蓄，而且再也干不了重活，其家庭也失去了主要收入来源。

“我们及时监测到了徐红华家异常用电信息。通过大数据分析，发现他们家2020年夏季负荷峰值明显减少，且整年用电趋于平稳，用电量下降明显，低于平均水平，疑似存在返贫可能。”国网常山县供电公司相关负责人商振东介绍道。随后，在当地政府指导下，该供电公司将徐红华等22名用户清单交给了常山县民政局，以此作为常山县民政局的救助参考依据。后经仔细查证，共有15名人员在2021年被列入享受社会救助人员名单。

大数据助力社会治理，在不知不觉中浸润每个角落，让共同富裕之路“不落一个人”。

为真正打通服务群众“最后100米”，国网浙江电力还通过村网共建、社区共建实现服务端口前移，入驻村级便民服务中心，打造“网格化”服务体系，创建多维数字服务场景，推动建立表后联动服务机制，不断提高服务质量和效能。

这样的“无感”生活给了我们最大的安全感；这样的绿色生活给了我们最大的幸福感；未来，我们也必将与真切可触的获得感再次撞个满怀。

（陈丽莎　姚羽霞　樊晓云）

党建引领奋进新征程

“我愿意一辈子拎着工具箱，走在为民服务的第一线。”这是“时代楷模”钱海军的初心。这份初心，二十三年如一日地坚定。

“我将用自己的实践为国家在绿色低碳发展、生态文明建设方面，提供一些我们基层的经验。”这是党的二十大代表徐川子14年来的坚守。这份坚守，是每一次一丝不苟、不言放弃的钻研。

“我是党员我先上。”面对各类突发事件和自然灾害，无数党员干部挺身而出。这份责任和担当，是一次又一次的分秒必争，蕴含着刻不容缓的行动力。

在时光流转的每一帧画面里，都饱含了一份信仰，这份信仰来自共产党员的初心和使命，这份信仰会在行稳致远中更显赤诚。

党的十八大以来，国网浙江电力党委坚持以习近平新时代中国特色社会主义思想为指导，毫不动摇坚持党的领导，持续加强党的建设，深化“红船精神、电力传承”特色实践，加快建设“党委坚强、支部管用、党员合格”党建生态，以高质量党建引领保障公司行稳致远。

鲜红党旗下，上下齐心共谋发展

近年来，国网浙江电力党委全面加强思想政治建设，深入开展党的群众路线教育实践活动、“三严三实”专题教育、“两学一做”学习教育、“不忘初心、牢记使命”主题教育和党史学习教育，以理论中心组学习、党委会“第一议题”、“书记开讲”、打造“红船·光明”系列品牌等形式，筑牢党员干部思想之基、补足精神之钙。

国网浙江电力压紧压实管党治党主体责任，抓实党组织书记抓党建工作“三级联述联评”制度，推进“红船精神、电力传承”特色实践和“党建+”工程提质增效，构建以“责任导向型、学习驱动型、智慧支撑型、价值创造型、系统一体化”为特征的“四型一化”党建格局，全面打造并初步形成“党委坚强、支部管用、党员合格”的党建生态。

国家电网浙江电力(武义)红船共产党员服务队来到武义连坞茶园开茶节现场，开展现场保供电工作，为开茶节的顺利举办保电护航

国网浙江电力始终坚持党的领导，全面加强党的建设，党的凝聚力、向心力、战斗力进一步加强，累计获得全国先进基层党组织、全国五一劳动奖状、全国电力行业思想政治工作优秀单位等国家级荣誉111个。党组织队伍不断壮大，战斗堡垒作用进一步彰显。截至2021年12月31日，国网浙江电力系统各级党组织数量达2014个，10年累计增长57%。

初心为人民，激活基层党组织红色因子

近年来，国网浙江电力党委把红船共产党员服务队作为推进全面从严治党向基层延伸，加强基层党建工作的特色实践。将红船精神融入红船共产党员服务队建设，统一管理、统一工作标准、统一行为规范、统一品牌形象，首创“总队、支队、分队、实体化服务队”工作模式，建立“一队一项目”机制，常态化开展“人民电业为人民”专项行动，实打实为老百姓办实事、办好事。

披星戴月间，他们守护光明。截至目前，红船共产党员服务队已经发展壮大至298支，他们在崇山峻岭中攀登巡线，在暴雨洪水中冲锋抢险，在走街串巷中热情服务，在改革创新中刻苦钻研……他们当好了电力先行官，架起了党和群众的连心桥。

一边是共产党员的初心，一边是责任央企的使命。国网浙江电力党委结合生产经营工作，开展社会爱心公益服务、志愿服务结对共建、表后延伸服务、供用电政策宣传等各类志愿服务，扎实履行“人民电业为人民”的企业宗旨。

国家电网浙江电力红船共产党员服务队、国网台州市椒江区供电公司大陈供电所获评全国学雷锋活动示范点，“点亮玉树”获评中国公益慈善项目大赛金奖，“幸福蜗居”获评全国学雷锋志愿服务“四个100”先进典型

在西藏那曲色尼区，国网杭州市余杭区供电公司援藏员工张宇连通互联网为当地结对的藏族女孩桑吉展示东部沿海城市风貌和网络带货的销售模式

最佳志愿服务项目，“千户万灯”等两个志愿服务项目获评中国青年志愿服务项目大赛金奖。截至目前，国网浙江电力累计有9957名注册志愿者，累计信用时数163848小时，荣誉时数1023456小时。

勇立潮头，彰显新时代“电网铁军”形象

近年来，国网浙江电力党委坚持人才强企，稳固发展基石。实施领导人员队伍建设“131计划”，构建“三层六维”模型，突出战略导向动态调整，不断优化各级领导班子配置，规范董事监事日常管理，班子运行效能稳步提升。积极拓宽干部人才发展通道，加大“跨地区、跨专业、跨板块”挂职锻炼和集中轮训、青干班培训力度，创新实施人才培养“二大工程”，实施岗位绩效工资与员工职业发展联动挂钩，企业和员工队伍活力持

续增强。

国网浙江电力党委还涌现了“时代楷模”钱海军、党的二十大代表徐川子、全国抗击新冠疫情先进个人胡芳、全国岗位学雷锋标兵虞向红等一大批在全省、全国叫得响，在群众中有凝聚力、有号召力的先进典型，筑牢了推动企业蓬勃发展的精神基石。

凡是过往，皆为序章；凡是未来，皆有可期。国网浙江电力党委将坚定不移践行“人民电业为人民”的企业宗旨，凝聚红色动力，驱动红色引擎，引领企业行稳致远，让之江大地灯火通明，繁华不息。

（黄　琳）

第二章

光明之城

GUANGMING ZHICHENG

位于浙江中北部的杭嘉湖绍4座城市大多是平原地区，业强、城优、生活美，发展走在浙江前列。经济的发展总是离不开能源的支撑。这些年，国网浙江电力持续当好发展先行官，以数字化赋能电网发展效能提升，以优质服务助力经济社会高质量发展及宜居、韧性、智慧城市打造，用电力之光点亮了城市的光明，提升了老百姓的生活品质。美丽中国建设的杭州样本、红船精神的嘉兴传承、绿水青山的湖州样板，“枫桥经验”的绍兴模式……浙江电力人守正创新，以身作则，在数字牵引、低碳转型等方面深入探索，将城市更新与乡村振兴“时代同框”，助力打造生活品质之城、文明典范之城，并留下了一个个故事、一段段传奇。

璀璨钱塘美如画
幸福杭城争一流

古老而秀丽的京杭大运河与闻名天下的涌潮钱塘江穿境而过。杭州，这座位于钱塘江下游、东南沿海和京杭大运河南端，江、河、湖、海、溪“五水并存”的城市，自古含珠蕴玉、人文荟萃。从秦时钱唐，杭州之名首次在历史上出现，到南宋迁都至此为临安府治，再到13世纪马可·波罗眼中“世界上最美丽华贵之天城”，杭州风景秀丽、人文古迹众多，素有“人间天堂”“丝绸之府”“鱼米之乡”等美誉。在中国新一线城市中，杭州连续15年被评为“中国最具幸福感城市”。

杭州这座创新活力之城、历史文化名城、生态文明之都持续深化“八八战略”实践，高水平全面建成小康社会，大踏步迈进“两个先行”新征程，城市综合能级和核心竞争力迈上新台阶。国网杭州供电公司坚守初心、牢记使命，强基固本全力保供，创新示范领先转型，为高质量推进共同富裕幸福杭州建设，加快打造世界一流的社会主义现代化国际大都市作出积极贡献。

牢记“电等发展”嘱托　电网发展稳步升级

时过白露，秋高气爽。杭州，这座因水而生、因水而兴的城市，处处展现着蓬勃的牛机。

2022年9月22日，杭州临平区京杭大运河里船来船往，位于船只上方的80米高空，国网杭州供电公司验收人员对杆塔、金具、绝缘子、导地线等开展细致检查。与此同时，无人机通过激光扫描对线路和通道点开展验收，并进行数据收集和精准画像，确保线路在投运前具备无人机自主巡检条件。

“2021年，杭州全社会用电量910.33亿千瓦时，有了白鹤滩送过来的清洁电，将在很大程度上缓解今后杭州的用电压力。”国网杭州供电公司发展策划部负责人徐祥海介绍，该工程投运后，每年将有236亿千瓦时电量将跨越山河输送至浙江，其中170亿千瓦时输送至杭州。

在大踏步迈向现代化的进程中，电力发展始终走在前列——从用电量数据的变化中可见一斑。

国网杭州供电公司输电运检“尖刀班”员工验收白鹤滩—浙江±800千伏直流输电工程杭州段

近年来，国网杭州供电公司牢记初心使命，主动服务党和国家工作大局，从电网建设、电力调度、设备运维、安全生产、应急响应、优质服务、需求侧管理等多方面发力，当好支撑经济社会发展和保障能源安全的“国家队”，努力在坚强、智能、绿色电网建设上实现新突破，全力提升数字化基建管理能力，电网发展稳步升级。杭州全社会年用电量从591.72亿千瓦时，增长至910.33亿千瓦时，增长53.84%。用电量规模“量”的增长，背后是能源供给保障能力“质”的提升，现如今，杭州经济正保持高质量发展的良好态势。

随着经济社会发展步伐加快，电力需求增长旺盛，用电峰谷差持续扩大。国家电网有限公司坚持政企协同联动、源网荷储发力、各方齐心协力，凝聚起供电保障强大合力，推动构建清洁低碳、安全高效的能源体系。国网杭州供电公司牢记“电等发展”嘱托，坚持数字化牵引新型电力系统主阵地建设是新时代“电等发展”的最好实践，以多元融合高弹性电网为核心载体，全力打造能源系统新形态、能源产业新生态、能源消费新业态，助力杭州争当浙江高质量发展建设共同富裕示范区城市范例。

国网杭州供电公司积极向地方政府汇报沟通，客观反映情况，主动建言献策，共同做好电力保供；挖掘发电潜力，强化一次能源供需分析，与各方携手保障燃料充足供应，做好并网服务，确保各类机组应并尽并、应发尽发；坚持“需求响应优先、有序用电保底、节约用电助力”，通过宣传引导、拓展服务等方式引导客户合理避峰错峰，倡导全社会形成绿色生产生活方式，让用电更安全、更科学、更高效。

让电网更灵活、运行更高效。2022年6月，国网杭州供电公司研发了源网荷储多元互动广域调控应用，让机器分析取代人工研判，创建“潮汐式”自主弹性调整模式。改变以往完全依靠人工经验的方式，通过预判重载设备，适时调整电网运行方式，实现断面、线路零超限和主变压器零重载。8月25日，杭州临安区昌化溪、天目溪、分水江等流域出现降雨，同一时刻，国网杭州供电公司快速启动广域调控应用，实现水电顶峰出力5.16万千瓦，完全抵消了因光伏出力下降给电网平衡带来的影响。

促进机组稳发满发、新能源全部消纳之外，杭州积极推进国内首个高电压大功率柔性互联低频输电示范工程，它将通过220千伏亭山—中埠输电线路，实现两个不同500千伏供区之间300兆瓦潮流的柔性互联互济，灵活提供电网动态无功和电压支撑。

在面对高用电需求、高供电可靠性要求、高减排压力的“三高挑战”中，国网杭州供电公司还建设了萧山有源微电网群、钱塘亚运氢能低碳等示范项目，全力领先建设数字化牵引新型电力系统。

数字赋能营商环境　助力跑出发展“加速度”

“打开网上国网App—点击水电气网联动报装—填写用户信息……”不到1分钟，燕麦（杭州）智能制造有限公司负责人严春疆足不出户就办好了水电联动报装业务。

办事高效、省时省力，这是企业和群众所期盼的营商环境。2018年以来，国网杭州供电公司优化营商环境，以数字化改革助力“最多跑一次”，持续推出居民“刷脸办”、企业“一证办”等便利化举措。2020年，国网杭州供电公司率先落实线上水电气网联合报装“一网通办”服务，主动与水务、燃气等公共服务单位对接，为企业和用户搭建资源共享、互惠互利的联合服务平台，让客户办事像网购一样方便。

从最初只能在营业厅办理业务，到后来可以在国网App、浙江政务服务网、杭州城市大脑等在线政务服务受理体系办理，再到如今可以在贯通政府数据平台、应用杭州市个人可信身份认证体系即可办理，让数字应用

“免跑腿”，实现居民“刷脸办电”、企业“一证办电”、低保对象等电费减免申请“获批即享”。

“姓名：王×苏；地址：汪村；基本情况：独居老人；关爱码：黄码!”2021年5月14日，淳安县枫树岭镇汪村王渐旭在电力驿站驾驶舱看到电量突然降至0，随即联系该村用电安全员江光华上门确认。于是，突遇跳闸的老人在手足无措中等来了“救兵”。

时任下姜电力驿站站长姚伟岳说：“淳安乡村留守老人较多，我们主要是监测独居老人用电是否有突变，形成‘关爱码’，绿码代表正常，黄码代表异常，红码代表预警。目前大下姜区域51户独居老人都纳入用电监测体系，老人们也享受到了数字应用‘免跑腿’带来的福利。”

同时，国网杭州供电公司贯通政府投资项目在线审批监管平台和办电服务系统，主动提前对接服务，获取立项赋码企业的潜在用电需求，超前储备供电方案、开展电网工程规划建设；企业申请后“立答方案”“即来即接”，还可以应用电子签章技术在线签订供用电合同，服务模式由“企业等用电”向“等企业用电”转变。

自全面启动国家营商环境创新试点以来，杭州拿出了敢闯敢试的改革魄力。国网杭州供电公司以深化数字化改革为着力点，着力打造“环节最少、办电最快、成本最低、政策最优、服务最好”的“五最”电力营商环境。从“最多跑一次”到“一次都不跑”，从“我跑你不跑”到“数字替人跑”，杭州“获得电力”服务水平持续两年入选国家营商环境评价标杆，2020年晋位全国第四。

2022年6月，国网杭州供电公司宣布落实《杭州市电力接入工程费用分担机制实施办法》，明确了原本需要用户承担的电力外线接入工程费用由政府和供电公司共同承担、全额“埋单”，预计一年可以为企业节约投资超过10亿元。

作为战略性新兴产业领军企业100强，浙江大华技术股份有限公司享受到了杭州电力配套工程外线接入“零成本”政策，实现了快用电、用好电。“现在供电外线接入都是政府和供电部门投资，接电‘零成本’，为我们企业节约了250多万元的投资，而且许多需要操心的事儿由政府和供电公司‘一站式服务’解决，对企业来说实惠又贴心。”浙江大华技术股份有限公司基建工程部负责人来利金说。

如今，对标高质量发展要求，锚定“最优”目标，国网杭州供电公司积极巩固和拓展“最多跑一次”改革成果，持续推出数智用电营商环境升级举措，优化“网上国网”线上办电，深化应用“转供电费码”，打造更多务实好用的多跨应用场景，切实提升营商环境数字化水平，为服务地方经济高质量发展提供保障。

服务绿色乡村加速度　答好共同富裕幸福卷

2021年6月10日，《中共中央　国务院关于支持浙江高质量发展建设共同富裕示范区的意见》公布。浙江以解决地区差距、城乡差距、收入差距为主攻方向，在共同富裕示范区建设上稳步前进。

2022年夏天的一个周末，浙江省杭州市桐庐县莪山畲族乡西金坞村电力“红船·光明驿站”里，来自国网杭州供电公司的党员志愿者洪杰与该村党支部副书记程国民面对数千名网友，配合默契，帮助莪山村卖出了几百瓶红曲酒。莪山畲族乡红曲酒厂厂长蒋雪君忍不住赞叹：“从开建生产线时提供优化供电方案，到生产中的用电指导，到现在卖力‘带货’，供电公司的服务必须点赞！”

用心用情用力，办好民生实事。一年多来，国网杭州供电公司率先打造优质均衡的现代电力服务体系，创新电力服务模式，主动履行社会责

国网杭州供电公司党员服务队为企业提供优化用电方案

任，推出同规同网坚强农网、电力驿站一次都不跑、清洁绿色零碳示范区等“为民服务、共同富裕”八项举措，推动城乡供电服务高质量均衡发展、智慧能源红利一体化共享、能源绿色低碳转型，形成了一批可复制、可推广的“电助共富”成果。

青山绵延，绿意悠远。绿林环绕的淳安县下姜村在不断更迭革新中成为新时代背景下乡村振兴的先行样板。91岁的独居老人姚七月觉得日子越过越温暖。和很多乡村一样，下姜村60周岁以上独居老人占比很高，乡村社工力量有限，如何关照好这些老人的生活成为共同富裕的“必答题”。国网杭州供电公司通过老人家中的智能电表分析用电情况，再经过云端计算形成红黄绿“关爱码”第一时间预警，全天候监护乡村独居老人的生活动态。

绿水青山就是金山银山，国网杭州供电公司深度挖掘电力数字资源

“富矿”，坚定不移增加绿色乡村加速度，引领能源转型助力生态富农。2022年7月15日，萧山区瓜沥镇梅林村村民盛玉洪打开手机查看屋顶光伏发电设备产生的“阳光收益”。盛玉洪安装的光伏设备6月共发电700千瓦时，除去当月自家用掉的77千瓦时，余下的电卖给电网，算上各类政府补贴，额外获得收益587元。在梅林村，像盛玉洪一样在家里用上时髦清洁绿电的还有50多户居民。

服务乡村绿色产业、绿色旅游、绿色出行。国网杭州供电公司对绿色用能的追求，不仅体现在光伏的倍增，还体现在大街小巷中越来越多的新能源汽车绿色牌照里，在各个老旧小区改造后新安装的充电桩中。2022年1—6月，国网杭州供电公司加强全域公共充电设施建设，建成52座新能源汽车充电站，新增2.78万个居民充电桩，杭州地区充电桩总数突破11万个。

眼下，国网杭州供电公司守正创新，砥砺前行，将发展足迹写进答卷。“跃升”，是杭州电力过去几年的关键词。电网规模实现21世纪以来第三个翻番，稳居国家电网省会城市第一；“获得电力”指标晋位全国第四，企业接电进入“零成本”时代；绿色电力成为“双碳目标”鲜明注脚，助力每万元产值耗能量优于欧洲平均水平。

在这场伟大的征程里，杭州电力人牢记嘱托、保持定力、坚定信心、勇毅前行，以乘风破浪、一往无前的奋斗姿态，为人民带来光明和温暖，为高水平推进共同富裕幸福杭州建设，加快打造世界一流的社会主义现代化国际大都市作出积极贡献。

（钱　英）

数字化牵引让电网更具弹性

2022年10月18日，迎着钱塘江畔的徐徐微风，杭州钱塘多能互补零碳柔直示范园区内，6台风力发电机轻快转动。与此同时，示范区厂房、变电站屋顶的光伏板在阳光下折射出耀眼的光，风能、光能经过柔性换流阀汇聚起来，为园区内“直流零碳小屋”亮灯。12月，这里还将接通氢电。

杭州钱塘多能互补零碳柔直示范园区是国家重点研发计划《智能配电柔性多状态开关技术、装备及示范应用》项目示范工程落地点，自2013年1月启动以来，创新研制了柔性多状态开关、区域保护控制装置等四项全国首台套设备，实现了多个关键装备的“中国制造”，是国内首个建成投运的中低压直流配用电示范工程。

“示范工程所在的杭州临江高科园，聚集着长安福特、西子航空、西子势必锐等众多高端制造企业，区域用能有着‘高用电需求、高供电可靠需求、高减排压力’的特征。”国网杭州供电公司负责杭州钱塘多能互补零碳柔直示范园区工程的工作人员徐晶介绍，该工程打造了一个可复制、可推广的区域绿色零碳供能“杭州样板”，呈现出一套完整的新型电力系统直流配电网应用场景，实现了沿江丰富的风光资源充分消纳。

要创建“双碳”目标下的共同富裕城市范例，能源是主战场，电力是主力军，新型电力系统是关键路径。由于地处钱塘江入海口，夏季频繁受台风“光顾”，区域电网经常面临着极端天气等自然环境的考验。国网杭州供电公司积极打造一个“三足鼎立”的柔性直流“背靠背”供能网架，实现城市用电密集区域局部电网间“手拉手”互联互济。示范工程辐射范围内的3个局部电网作为各自电源点，为500余家企业、近万户居民客户供电。由此，该区域网格供电可靠性从99.831%提升至99.9902%，年户均停电时间由14.81小时缩减至0.86小时。

示范园区采用直流配电网供电方式，新能源在接入和消纳过程中，相比传统交流配电网可节省两次交直转换的能量损耗，并且直流输电还具有快速传输的特征，进一步降低在传送过程中的损耗，整体输电过程中能耗效率提升近40%，让新能源的利用既清洁又高效。

如果把电网比作一张输送电力的“路网”，那么柔性直流就像一辆行驶其中的“超级货车”。与交流和常规直流相比，它不用牵引、不挑道路，可随时“卸货”、切换方向，更能把“忽大忽小”的风电和光伏发电稳妥送到千家万户。

杭州钱塘多能互补零碳柔直示范工程

近年来，国网杭州供电公司牢记“宁让电等发展，不让发展等电”嘱托，坚持新型电力系统主阵地建设是新时代“宁让电等发展，不让发展等电”的最好实践，以多元融合高弹性电网为核心载体，全力打造能源系统新形态、能源产业新生态、能源消费新业态，助力杭州争当浙江高质量发展建设共同富裕示范区城市范例。

（钱　英）

“数智用电”更聪明

“项目整体节能10%以上，空调系统节能20%以上，还要实现30%以上的电网需求侧调峰响应能力。”2022年9月22日，在徐川子劳模融合创新中心，党的二十大代表、国网杭州滨江供电分公司服务拓展班班长徐川子与团队成员讨论滨江区文化中心的用能改造方案。按徐川子团队提出的低碳楼宇节能改造方案，完成2万平方米建筑的硬件设备安装及软件系统调试仅需要两周时间。

2021年，以杭州人工智能产业园为试点，徐川子团队利用物联网技术，安装楼宇物联网关、多功能探测器、空调集控设备、照明集控设备等即插即用设备，通过“一键响应”实现空调、照明等楼宇主要用能设备精细化、柔性化、智能化控制。当年夏季，杭州人工智能产业园执行空调调温策略2237次、空间无人关闭空调策略618次，平均节能率达到20%以上。

近年来，国网杭州供电公司深入践行“人民电业为人民”宗旨，坚持“能效是第一能源”，持续推进数字化转型，优化卓越服务、创建“五最”数智用电营商环境，全力推动杭州电网稳步发展升级。全国首个“电力大数据+社区网格化”算法、“转供电费码”、全国首个“电子碳单”、杭州首个轻量级改造的低碳数智园区逐一推出。在淳安下姜村，依托自主开发的“智慧绿色民宿”系统，推出全国首个“电子碳单”，该成果作为新时代乡村电力服务下姜模式的重要举措，入选国资委央企为民服务办实事百家品牌，并受邀在联合国全球契约领导人峰会上发布展示。

徐川子团队研讨低碳楼宇解决方案

“杭州全市投运年限超过一年的光伏电站平均年利用小时数为881小时；建德中电光伏、明禺光伏电站、龙田光伏电站发电小时数均在1100小时以上，光伏发电效率高；分布式光伏平均年利用小时数864小时……”2022年7月底，杭州能源大数据评价与应用研究中心推出《杭州光伏运行监测分析与发展“能效档案”》，基于在运的3.3万家光伏用户的运行数据，建立光伏效率衰减评价模型，开展光伏发电效能监测与评价，供政府、社会各方参考。

在大力推进新型电力系统建设的背景下，清洁能源发展驶入快车道，杭州正加大力度实施光伏倍增计划，预计一年新增光伏发电容量40万千瓦。为助力本地光伏发电站潜力挖掘，国网杭州供电公司专业团队从测效能、算效益、提方案三个环节入手，综合“年利用小时数、光伏效能衰减率”两大核心因素，将光伏划分为“红、橙、黄、绿”四种类型，四种颜色分别代表光伏电站亟须运维提升的紧急程度，其中红色代表最为紧急，依次递减。该公司以此为依据，针对3.3万个光伏项目逐个生成可视化的《光伏健康报告》，提出智能化运维、技改升级、腾退上新等个性化管理方案。

以杭州某建筑屋顶的8700千瓦分布式光伏发电项目为例，这份光伏运行“能效档案”分析指出，该电站已投运4年，发电效率呈现逐渐下降趋势，亟须进行运行维护提升。杭州能源大数据中心随即为之设计了运维提升方案，经测算后指出该电站若经过智能运维管理提升，年发电利用小时数有望提升至998小时，超过杭州平均水平，每年增发绿电97万千瓦时，帮助用户增收40万元。

杭州市发改委能源处处长刘爱新表示，目前杭州本地光伏发电容量已超过170万千瓦，成为杭州第二大电源。与此同时，光伏发展已进入“量质并重”阶段，通过档案全面分析当前杭州光伏效能水平，用数字化手段筛选出效能低下的项目，同时提出可行的提升方案。既能帮助政府掌握光伏发展情况，为下一阶段制定相关政策细则提供参考，又能助力本地新能源健康发展。

（钱　英　富岑滢）

光明礼赞映红船
嘉禾大地奔富美

浙江“七山一水二分田”，一马平川的嘉禾占了“二分田”的大部分。漫步嘉兴城，古韵与摩登在这里碰撞，诗画与活力在这里融合。

历经七千年风雨沧桑，从刀耕火种中走来的马家浜文化遗址上，风吹稻香，富庶丰饶，一派“统筹城乡发展典范”之姿；粉墙黛瓦，小桥连廊，依着京杭大运河，“从前慢”的乌镇，正搭乘互联网的“快车道”，尽展磅礴数智动能；一叶红船在南湖岸边，将这最炽烈的红色浸入城市的血脉，赓续百年……

红船领航，逐梦共富。循着这座城市的精彩蝶变，国网嘉兴供电公司奋力探索构建新型电力系统省级示范区最精彩板块，全力服务嘉兴建设共同富裕典范城市和社会主义现代化先行市，助力绿色低碳转型、城乡富美发展。

强基础　增动能　南湖之畔璀璨夺目

2022年9月13日，第十二号台风“梅花”逼近，国网嘉兴供电公司输电运检中心运维人员王晓亮通过输电线路数字孪生平台对特高压嘉湖通道进行风险排查，提前做好防汛抗台风应急准备。

该平台汇集了各类智能装置监测数据，借助数字孪生技术，能够模拟设备状态，预测设备损伤风险，并在判断存在风险时主动告警，大大提升输电线路应对自然灾害的能力。

目前，该数字孪生平台已应用于特高压嘉湖通道嘉兴段全线。近年来，随着浙江特高压电网建设全面提速，如今特高压嘉湖通道嘉兴段全长61.4千米，通道内架设有1000千伏安塘Ⅰ线、Ⅱ线，±800千伏复奉线和锦苏线等六回特高压、超高压交直流线路。

从一片空白到创新特高压输电线路数字孪生平台，构建“立体巡检+集中监控”新模式，实现特高压及重要输电通道警企联动全覆盖……在对这条西电东送的输电大动脉愈加精准可靠的保障中，也可窥见嘉兴电网腾飞足迹。

500千伏桐乡输变电工程、500千伏洪明变工程拔地而起，220千伏勤丰变、110千伏沈荡变智能运行，伴随着这些重量级变电站的相继落地，嘉兴新增110千伏及以上变电站48座，增加变电容量2010.2万千伏安；新增110千伏及以上输电线路1517.89千米。

2020年初，新冠疫情突如其来，为确保电网建设稳步推进，国网嘉兴供电公司融合无人机、5G、人工智能、激光点云等设备和技术，开展数字设计应用，实现输变电工程数字定桩、可视化实景设计、数据快速移交等，有效提升工程设计建设效率。

“到2022年7月，110千伏及以上变电容量建设完成量达到2012年前的1.9倍，相当于再造了一个嘉兴新电网。”国网嘉兴供电公司发展部主任陈鼎打了个比方说道。

为提高区域供电的可靠性和灵活性，这些年，国网嘉兴供电公司不仅不断补强网架结构，推动各级电网协调发展，而且还以建党百年为契机，将智能电网密织入城市蝶变之中。

2018年，嘉兴启动实施“百项工程献礼建党百年”重大项目，“南湖核心区电网提升工程”也被纳入其中。依着一张蓝图绘到底，此后几年，国网嘉兴供电公司潜心谋划中心城区电网提升行动方案，高质量实施“用心点亮南湖”专项行动，先行推进“计划不停电示范区”建设，应用数智技术推进城区配网故障自愈全覆盖建设，南湖核心区故障恢复时间由小时级降低到分钟级。

2021年，嘉兴南湖畔添电网“新丁”——110千伏秀洲输变电工程正式投运，让站在历史舞台正中央的南湖红船更加璀璨。

以500千伏变电站为核心，220千伏分层分区，110千伏及以下灵活互供——如今，这张更安全、更高效、更优质的坚强智能电网，正为嘉兴高质量发展注入不竭动力。

俯瞰嘉兴嘉善北部，水乡田园上银线铁塔遍布

数字牵引　低碳转型　智慧嘉禾清新灵动

8月11日，在秀洲国家高新区，全球著名的汽车工业供应商伟巴斯特嘉兴工厂的屋顶及车棚上，2040千瓦的分布式光伏板熠熠生辉。“使用‘绿电’的产品，出口销售也更有竞争力。”伟巴斯特基础设施负责人杨亚军表示，通过“自发自用、余电上网”，企业一年能省下电费近34万元。

嘉兴自2012年逐“光”而行，到2021年全市光伏产业规上工业总产值已达505.25亿元，占全省光伏产业产值的1/3，以数据生动注解了“全国光伏看江苏、浙江，浙江光伏看嘉兴”。

在光伏“生态圈”做大做强中，国网嘉兴供电公司主动提供技术支持，开辟“绿色通道”，实行“一站式”全程跟踪服务。2014年7月8日，居民麻建美收到一张面额为496.41元的居民光伏用电增值税普通发票，而这也是浙江省首张居民光伏普通发票。截至2022年8月，国网嘉兴供电公司已累计服务并网运行的分布式光伏项目36436户，装机总容量310.5万千瓦。

“光伏森林”在嘉禾大地上郁郁葱葱，各类绿色用能方式也清新登场。在海盐雪水港村，476户家庭用上了清洁环保的电灶头，农家大锅烧饭的情怀保留下来了，传统文化灶头画也得以传承。2016年7月27日，在浙江首个内河岸电水上服务区——芦花荡水上服务区内，9个充电桩正式投用，自此噪声和黑烟销声匿迹，船老大们享受到了一片清净。同年，嘉兴实现了高速服务区快充站全覆盖，这在全省也属首例。从水陆交通到社区乡间，充电桩在嘉兴已成寻常风景。

践行绿色发展理念，助力“双碳”目标尽快落地，国网嘉兴供电公司稳妥有序推进电能替代。截至8月，2022年以来已推广实施替代项目458个、替代电量8.12亿千瓦时，相当于减排二氧化碳约80.96万吨。

“风光”虽好，但存在波动性、随机性和间歇性，易对电网稳定产生影响。为此，国网嘉兴供电公司加快以数字化牵引新型电力系统省级示范区最精彩板块建设，通过开展一系列“源网荷储”互动融合、增加电力系统弹性的实践，提升对海量分散资源的可观、可测、可控、可用水平，推动多种能源资源最优配置、全社会综合能效最大化。

在全国首个“源网荷储”一体化示范区和全省首个绿色低碳工业园示范区——海宁尖山，光伏、储能等已成为电力系统中灵活可调的资源，与大电网同频共振。“我们在尖山深入挖掘‘源网荷储’四侧资源，搭建了‘控制大脑’，构建了工业园区级新型电力系统雏形，从而让光伏这样的绿色能源安全可靠、经济高效地就地消纳。”国网海宁市供电公司电力调度控制分中心主任施海峰表示。

在数字化牵引下，能源利用越来越趋向低碳经济。

2022年5月30日，国网平湖市供电公司客户经理钱益洲通过能源数据治理实验室的企业“经营画像”系统发现，2022年1—2月，位于张江长三角科技城平湖园的浙江景兴纸业股份有限公司用能成本增长率大于营业收入增长率。经现场勘查后，供电公司联合第三方技术人员，为企业量身设计汽轮机节能技改方案，预计每年可减碳1万吨。

8月5日，景兴纸业汽轮机完成节能改造。“通过高效汽轮机改造提高15%的效率，意味着在同样燃料的情况下，可以多发15%的电，这将大幅提高经济运行效率。”景兴纸业总经理助理王爱其说。

不仅深耕传统行业服务绿色转型，国网嘉兴供电公司还不断引领高能级平台和产业项目绿色发展。2019年，自“万亩千亿”产业平台——中新嘉善现代产业园正式奠基以来，供电公司主动服务，对园区综合能源站、光储充一体化系统、新能源微电网等建设进行全程技术指导。国网嘉善县供电公司市场营销部主任田渊表示，在充分应用数智化手段的前提下，他们还为3家企业提供充电桩等托管服务，助力企业降低成本。

为持续释放电力数据价值，国网嘉兴供电公司依托能源大数据中心，创新推出共同富裕电力指数、工业税电景气指数、碳画像三色图等一系列具有嘉兴辨识度的电力大数据应用成果，服务智慧城市建设，助推经济社会发展。

旗帜领航　逐梦共富　城乡均衡美美与共

2022年9月4日，在南湖区凤桥镇“红船·光明驿站”，居民徐莉在国家电网浙江电力（嘉兴）红船共产党员服务队队员胡聪康的指导下，通过网上国网App线上申请充电桩业务。

在嘉兴，这支为民服务的电力党员先锋队，早已深入人心。2012年6月，国网嘉兴供电公司在2007年成立的红船服务队基础上，成立了80支国家电网浙江电力（嘉兴）红船共产党员服务队。

作为全国首支以“红船”命名的电力党员服务队，多年来，他们坚持当好红色基因传承者，坚守“人民电业为人民”的承诺——从点亮7000余个“黑楼道”，到建立公益“博爱超市”“光明驿站”；从奔波在世界互联网大会乌镇峰会等重大活动保供电现场，到冲锋在台风冰冻等恶劣天气保电一线；从西行8000里，踏雪山、攀高原，对口帮扶西藏农网改造，为全面建成小康社会绘就光明前景，到战疫情，为企业纾困解难……每一个关键时刻，这支红色队伍总能第一时间用行动证明：“哪里需要我们，我们就去哪里!”

这些年，嘉兴牢记“完全有条件成为全省乃至全国统筹城乡发展的典范”嘱托，“均衡富庶”已成一张闪亮的金名片。在红船精神指引下，国网嘉兴供电公司不断助推城乡居民奔向共同富裕，人民乐享丰收喜悦的美好画卷正徐徐展开。

2021年1月，平湖市新埭镇大齐塘村大胆创新，通过村民众筹入股投

国家电网浙江电力(嘉兴)红船共产党员服务队队员为全电气化智慧农业大棚进行安全用电检查

资的方式，对码头进行改造，带动村民共奔致富路。

了解情况后，国网平湖市供电公司便主动对接，开辟“绿色通道”，成立“众筹码头服务专班”，通过采用“架空＋直埋”线路方式为码头顺利引上电，为项目节约施工成本10万元，整个工期缩短28天。

2021年11月，“众筹码头”正式投入使用。2022年1月，574户村民就收到了第一笔总计64.3万元的分红。环境美了，村里还办起了乡村民宿、农家乐等，富美生活更有奔头了。

乌镇，这座枕水而眠的千年古镇，与互联网“结缘”后，智慧变身，乡村用电也愈加聪明起来。

8月5日21时，智能电表的用电感知功能让泰丰斋乌镇北庄店负责人黄淞松了口气。“还好供电所第一时间告知我们店铺空气开关老化自动跳闸了，及时帮忙更换上新的空气开关，不然这么热的天，一个晚上下来，冰箱里存放的姑嫂饼肯定要变味了。”

黄淞的智慧用能体验，得益于国网嘉兴供电公司在乌镇北庄村打造的全省首个智能物联台区。通过在全村安装IR46智能电表等低压感知设备，该台区有效破解了低压电力设备数量多、自动化监测手段缺乏等难题，让用电感知的神经末梢延伸到了表后，不仅实现了单户用电情况远程监测，还能支持用户参与区域性需求侧响应，压降用电高峰时的台区负荷，提升乡村供电可靠性。

放眼整个嘉兴，国网嘉兴供电公司投资117.09亿元，对区县配网开展多轮次改造升级，新增配电变压器16658台，新建、改造配网线路7093.31千米。2021年，嘉兴城市和农村供电可靠性分别达99.9903%和99.9801%，城乡用电保障能力进一步提升。

为了让群众“用好电”，这些年来，国网嘉兴供电公司构建“互联网+电力营销”服务体系，倾心打造“三型一化”供电营业厅、“全能型”供电所，使电力办事窗口全面进驻县级行政服务中心，把智能物联台区建在乡间村头，全力提升“获得电力”便利水平。

嘉兴的“均衡富庶”，还体现在更广域的能源互联上。2018年，长三角一体化上升为国家战略。嘉兴御风而行，国网嘉兴供电公司携手区域其他兄弟供电公司，深度探索跨省电网“互济互保、互联互通、互供互备”，共同打造长三角一体化能源生态圈，为共富之路注入强劲动力。

依托长三角一体化服务专窗，“青吴嘉”（上海市青浦区、江苏省苏州市吴江区、浙江省嘉善县的简称）三地企业用户在“一网受理、只跑一次、一次办成”中享受办电服务同质同效；构建跨省数字化故障抢修平台和应急抢修机制，用户平均故障停电时间缩短20分钟；建立政电信息共享机制，实现基本公共服务融通共享……长三角生态绿色一体化发展示范区内，一体化的美好生活用电有了全新的打开方式。

（杨佳慧）

“零碳”未来　依“绿”而栖

2022年10月7日，正是国庆小长假返程高峰。游客吴绘开着电动汽车，驶入嘉兴海宁尖山村附近的嘉绍大桥服务区充电。扫码、拿充电枪、插上后开始充电，她动作娴熟地完成了操作。

“就在节前，我们对这批充电桩进行了功率升级，平均充电速度能缩短半小时。”在此工作的国网海宁市供电公司员工陈瑞栋一边为她介绍，一边指向远处架在田里的光伏大棚，“现在都已经升级成了‘零碳’充电桩，用的都是来自光伏的绿色电。”

田中的光伏大棚在太阳下源源不断地生产绿电，闪烁的充电指示灯见证着绿电输入电动汽车。环顾四周，吴绘的目光停留在施工中的综合楼，这里的屋顶也在安装光伏板，远处还有白色的储能电池集装箱。很快，这里将成为浙江省首个“零碳”服务区。

不到半小时，吴绘的电动汽车电量就充到了90%，注入“绿色动力”的车继续向前行驶。从空中俯瞰海宁尖山，嘉绍高速穿城而过，无数车辆穿梭来往，在光伏屋顶铺出的蓝色海洋中遨游。这里光伏屋顶铺设面积占区域屋顶总面积的比例突破70%，年发电量3.1亿千瓦时。绿色已经成为尖山的发展底色。

党的十八大以来，浙江坚持和深化习近平同志提出的“八八战略”，进一步发挥生态优势，创建生态省，打造“绿色浙江”。海宁作为新能源发展的重镇，掀起“绿色革命”，“零碳”场景已经覆盖到了人们生活的方方面面。

俯瞰海宁尖山，那铺满光伏板的企业屋顶、钱塘江边的风力发电机和远处的生物质发电厂构成了一幅绿色发展图景

对火星人厨具股份有限公司电气负责人王仕林来说，企业用能变得更“绿色”了。作为国内集成灶的龙头企业，火星人工厂内7条高自动化率的流水线连续运行，日常95%的生产用能都是电能。“光伏年发电量在800万千瓦时左右。”屋顶10万平方米的光伏板，为工厂注入“零碳”因子。

对钱江村冷冰坞台区居民俞建国来说，自家不仅用上了绿色电，每个月还有补贴可以拿。冷冰坞台区是浙江省首个新型配电台区，这里有19家用户安装了光伏，掏出手机就能知道这个月的情况。“7月份用电，一分电费都不用出，还有500多块钱补贴。”看着手机里的数据，俞建国笑得合不拢嘴。

“零碳”服务区、“绿电”生产、阳光“补贴”……一个个“零碳”场景，是新型电力系统建设的缩影。2022年4月，海宁尖山新型电力系统项目入选《浙江省“十四五”新型电力系统试点建设方案》和《浙江省2022

年新型电力系统试点项目计划》。

2012年，海宁皮革城光伏并网，新能源发展实现“从0到1”。欣悦佳苑小区“光伏+储能”催生首个“零碳”社区，全国首个城市级能源互联网示范项目通过验收，光伏绿电打造了盐官29年来首个“零碳”观潮节，新型电力系统控制大脑实现全域资源的可观、可测、可控、可用。百里钱塘边，“绿色革命”如潮水般奔涌而来，不断滚滚向前。

（吴亦冰）

电力融合发展，看长三角一体化新图景

4个小时，输送超1900千瓦时，近900户居民受益——2022年8月，在浙沪交界的嘉善俞汇，一场由示范区两家供电公司通力合作的紧急保供电，深刻诠释了长三角一体化趋势下电力互联互通、互济互保的责任内涵。

入夏以来，长三角地区持续高温。2022年8月13日12时28分，嘉善县姚庄镇35千伏俞汇变电站10千伏Ⅱ段母线突发故障。受天气影响，10千伏俞汇线路4—5号杆线路弧垂下降，向下方屋顶避雷针放电后导致线路接地。

正值午后，村民处在用电高峰，这电可得保障好。国网嘉善县供电公司按照当年6月签订的《长三角一体化电力保供互助协议》，立即联系邻近的国网青浦供电公司寻求供电支援。

仅半小时不到，两家供电公司运维专业员工到达现场。“调试完毕，合闸！”在双方共同见证下，省际配网联络线嘉善—青浦1号联络开关顺利合闸，嘉善县俞汇片区改由上海青浦35千伏练塘变电站供电。17时，经过4个多小时的抢修，俞汇母线故障排除，本次保供电任务圆满完成。据统计，国网青浦供电公司累计支援嘉善电量超1900千瓦时，使近900户居民免受停电烦恼。

“天那么热，一开始我们还有点担心，这次临时用上了青浦电，可真是太方便了。感谢供电公司，放以前怎么也想不到。”在一旁亲历电力恢复运转全程的姚庄镇俞汇片区村民鲍川茵感慨道。

在这个土生土长的俞汇人眼中，“以前想不到”的电力变化，这些年已逐渐成为现实。“以前我们这称得上是电网死角，电力设施也比较老旧。这两年供电公司新修了不少线路，现在我们这不仅用着嘉善电，还能用上青浦电、吴江电。”鲍川茵回忆说。

改变，自长三角一体化上升为国家战略后越发显著。近年来，国网嘉善县供电公司与青浦、吴江两地供电公司贯彻“长三角一体化电力先行”的理念，紧扣“一体化”“高质量”两大关键词，锚定实现跨区域配电网互联互通和供电服务一体化两大目标，不断尝试示范区供电服务新实践，探索一体化供电服务新方式，为国家电网推动区域协调发展迈出了一条示范先行之路。

在此期间，三地以长三角一体化发展战略为抓手，对困扰示范区电网融合的“电网相近却不相连、服务相似但不相通、电力资源相邻但不相融”三座大山一一破题：统一区域电网规划标准，建设贯通跨省配电网线

“青吴嘉”三地供电公司组织完成长三角一体化示范区首个跨省联合不停电作业

路，充实三地边界供电空白；建立跨区办电服务平台，共享办电服务资源，实现三地供电服务“同城化”；汇集三地电网智能运营技术，明确区域一体化调度机制，确保运维调度高效畅通。

如今，在三地供电公司的多方协作下，长三角一体化电力示范样板已基本形成，共融互通的一体化服务模式将持续有效推动长三角一体化高质量发展。

（徐　昊）

绿能奔涌南太湖
擎旗奋进新征程

西依天目，北濒太湖，与无锡、苏州隔湖相望……位于浙江北部的湖州，是环太湖城市圈中唯一因湖得名的城市。这块沪、杭、甬三大城市的共同腹地，虽然仅有5820平方千米的地域面积，却有着2300多年的历史。

于丝，“蚕桑从此起”；于茶，陆羽在这里撰写了《茶经》；于瓷，东苕溪中游的商代窑址群被认为是越窑的重要源头；于经济，宋时即有民谚“苏湖熟，天下足”……这座浙北小城，是“诗性江南”的高光地带。

湮远年代里一路走来，绿色电能在这座城市快速发展。一座座铁塔巍峨耸立，一条条银线飞跃高悬，一座座现代化的变电站遍布太湖南岸。

国网湖州供电公司通过构建电网发展新格局，让串联万物生长的电能与经济社会发展、生态文明建设深度融合，源源不断地把绿色能源转化为地方发展优势和赶超胜势，以实干争先留下鲜明印记。

清洁、经济、可靠、安全的电能跨越山海，为地方社会经济发展提供电力保障，让温暖与光明成为百姓幸福生活的底色。

以网筑梦　守护城乡山海共繁华

郁郁葱葱的茶园间，一条条输电线路宛如银色丝带，将一座座高耸入云的输电铁塔串联起来。

2022年9月28日，在安吉县天目山脉附近，在高空走线人员和无人机飞手的紧密配合下，国网湖州供电公司完成白鹤滩—浙江±800千伏特高压直流输电工程尾段验收工作。随着未来全面建成投运，这项横跨山川河网的“西电东送”重点工程将成为落点浙江的第三条直流输电线路。

一根线穿山越岭，一基塔承缆接线，电网承载着输送电力的重要使命。2012—2021年，湖州地区生产总值从1664亿元增长到3645亿元，生产力“三级跳”的背后，离不开湖州电网从网架支撑、电力调度、设备运维、安全生产等多方面发力的硬核支撑。

近年来，湖州主网架结构持续完善，皖电东送1000千伏特高压线路湖州段、1000千伏特高压安吉站、长龙山500千伏配套、南浔220千伏输变电工程等一大批重点项目接续建成，电网补强、理顺工程陆续完成，各级电网协调、城乡供电可靠的坚强电网绵延生长。截至2021年底，湖州共有35千伏及以上变电站140座，变电容量1971.85万千伏安；35千伏及以上输电

白鹤滩—浙江±800千伏特高压直流输电工程湖州段验收现场

线路359条，线路总长5627千米；供电服务人口超过300万。2021年，湖州市全社会用电量345亿千瓦时。

用电量规模“量”的增长，背后是能源供给保障能力“质”的提升。湖州是全国少有的各电压等级齐全、电网分布密集的电力输送核心，其中宽度不超过600米的空间内，形成了特高压输电通道“湖州廊道”，额定输送容量2980万千瓦，是“西电东送”、三峡电力外送及皖电东送的主要走廊和华东电网东西联结的主要汇集点。

国网湖州供电公司将廊道安全放在安全生产大局的突出位置，科学管理、精心维护，深入构建多重防护体系，加强政企联动、警企合作，在运维机制、技术手段创新方面先行先试，深化数字赋能打造“立体巡检＋集中监控”运维模式，实现密集通道运维技术和应急处置水平新突破，智能运维筑起特高压安全运行防护网，确保能源跨越时空流动的便捷与清洁，让特高压在服务经济社会高质量发展和长三角一体化、“双碳”建设、共同富裕示范区建设等重大战略任务中发挥重要作用。

电力帮扶还跨越山海，去往3700千米外的雪域高原，守护那束光。2017年，国网湖州供电公司圆满完成巴青县新 轮农网改造升级帮扶；2020年提前完成西藏嘉黎“三区两州”配网工程建设，帮助嘉黎县10个乡镇4123户藏族群众用上安全可靠的大电网电。

电网发展稳步升级的这些年里，传统电力系统不断向清洁低碳、安全可控、灵活高效、开放互动、智能友好的新型电力系统演进。

国网湖州供电公司积极探索，投运全国首个分布式潮流控制器示范工程、全国首座大型电网侧铅碳储能电站、全省首个电源侧储能项目以及氢电双向转换及储能一体化系统等工程，形成多种能源互补互济、电力系统灵活调节、电网安全稳定控制的多元融合高弹性电网，助力浙江建设新型电力系统省级示范区。

得益于电网资源优化配置能力的提升，湖州新能源迎来了从无到有的飞越式发展。截至2021年底，湖州光伏和风力发电并网装机容量突破2000兆瓦，是2013年的400多倍。

湖州电网经受住了霸王级寒潮、历史最强降水、超强台风等恶劣天气的严峻考验，在G20杭州峰会、联合国世界地理信息大会、新冠疫情防控等一系列重大保电考验面前，交出了一张张高分答卷。

数字赋能　做精生态＋电力“双面绣”

夜幕降临，华灯初上，绚丽的城市美景和灯光秀景观交相辉映，电力的赋能如细雨润泽，为太湖南岸注入盎然绿意。

“没想到这里的民宿还有新玩法。”国庆长假期间，来自上海的游客李哲民带着家人入住德清莫干山瀛轩民宿。这家民宿在进行全电改造后，采暖制冷、热水供应、餐饮等都采用空气能热泵等电能设备，还安装了“绿聚能”能耗智慧采集实时监测系统。

从他将取电卡插入房间插槽的那一刻起，房中的电能采集器便发现了房间用电电流的细微变化，把信号发送到了服务云平台，告知系统开启能耗监测并进行实时计算。一旦房间的用电耗能情况达到绿色环保区间，就能领取“生态绿币”，进而享受住宿优惠。民宿业主也能清晰掌握房间能耗特点，精准启停，仅2021年就节省了4.7万元电费。

近年来，国网湖州供电公司深入践行“绿水青山就是金山银山”理念，主动融入湖州生态建设总体规划，启动全国首个“生态＋电力”示范城市建设，借助数字化技术，在能效提升、能源消费、生产生活等方面，做精生态＋电力“双面绣”。

在“双碳”背景下，节能减排更需要从提高能效入手。国网湖州供电公司探索解题思路，在全国首创“碳效码”，助力湖州区域经济运行的绿色“浓度”稳步提升。以单位工业增加值碳排放量为准，2021年，湖州吴兴区相较2020年下降0.42吨二氧化碳／万元，高速运转的经济齿轮与宜人宜居的生态底色相承相契。

目前，作为“碳效码”升级版的“工业碳效码”已正式在全省范围内推广应用，覆盖49344家规上企业，“碳效＋电力”诊断服务为9817家碳效评价落后企业进行绿色减碳技术诊断，为浙江能源领域数字化改革贡献了“湖电方案”。

当智能家电将人们从繁杂的家务中解放，绿色出行触手可及，物流、商贸、农业融入以电为中心的新型能源体系，引领着智慧绿色生活，电力元素渗透到生产生活的角角落落。

深耕“电能替代”，港口绿色岸电从湖州启航，走向全国，湖州共建设港口岸电设备412套，搭建起全省统一的岸电设施运营服务平台，岸电和电动汽车充电一样在全国范围互联互通，为客户提供水陆交通领域电能消费便利。仅2021年，岸电用电量90.2万千瓦时，减少燃油消耗272吨，减少二氧化碳排放856吨，实现环境效益和经济效益双赢。

湖州建成全国首个“全电物流”项目，实现运输、仓储、装卸、泊船全部用电。一辆辆电动汽车带着满格续航，行驶在绿水青山间；同时，实现全市域公交纯电动化100％全覆盖，在持续优化电动汽车充电服务、加速公共充电设施布局、深化居住区充电桩供电配套“整体加装”后，电动汽车年充电量从最初的6.27万千瓦时，增长至3990万千瓦时，绿色出行“电力十足”。

电气化水平提升1个百分点，能源对外依存度有望降低0.5—1个百分点；电能占终端能源消费的比重每提高1个百分点，能源强度可下降3.7％。截至2022年上半年，湖州累计实施电能替代项目1031个，电能替代深度广度不断延伸，替代电量20.94亿千瓦时，减少煤炭使用量约84.6万吨，减少二氧化碳排放约208.77万吨，能源消费快步迈向“低碳时代”。

告别曾经的东奔西跑，“生态＋电力”还以动动手指轻松办电的模式走进百姓的生活。基于全业务、全流程的智能化深度转型，越来越多的用户与电网进行着良好互动。农村水电气网联动报装，以网上国网App线上办、“红船·光明驿站”就近办、客户微信群上门办，助力城市不断提升可持续创富能力和协调发展能力。

绿能为笔　电“靓”共同富裕新图景

别致优雅的小洋房以青山为被，绵延的村道与溪水相伴，屋顶光伏熠熠生辉，村里的光伏路灯、风力发电设施现代时尚……在湖州，田畴沃野有了全新的打开方式。

国网湖州供电公司落实乡村振兴、共同富裕等重要国家战略，推进新时代乡村电气化示范建设，引领构建农业生产、生活方式等多维度立体低碳体系，推动乡村现代服务业快速发展。2021年湖州城乡居民用电量38.3亿千瓦时，较2012年的19.2亿千瓦时增长了近一倍。

随着乡村振兴进度条拉满，电力保障的脚步飞奔向前。近年来，湖州推进配电网优化和多轮农网改造升级，开展农用电力线路改造接收试点取得成功，完成小城镇（中心村）电网升级改造，实现“村村电气化”。在德清，供电公司建立起负荷互动方式灵活、台区管理效率高、线路承载能力强、电网自愈程度高的“三级弹性单元”，“线路级弹性单元”电力配送新形式让乡村发展更有底气。

2021年，湖州城市、农村供电可靠率分别达到99.9909％和99.9821％；10千伏线路百千米故障次数压降至1.91，故障停电时户数为46881.75户，

位于湖州市安吉县的智电民宿村落

分别比2011年下降35%、30%；70%的行政村可在45分钟内到达现场进行抢修。一张布局合理、结构坚强、智能高效的配电网，支撑着乡村生活、产业现代化发展趋势持续向好。

当季鲜甜肥美的大闸蟹已上蒸屉，大锅中炖着的白鱼散发出阵阵鲜香……沐浴着秋日的暖阳，长兴县顾渚村的农家乐里游人如织，从景区基础设施、智能照明，到电动汽车充换电设施、酒店全电厨房，绿色电能在此实现了终端能源的深度覆盖。草木繁盛、花鸟为邻的田园诗意，成为撬动乡村旅游，百姓奔向共同富裕的有力杠杆。

农忙时节，各类大型农机设备集中作业，安装在田地间的传感器、病虫害监测仪等可实时监控环境变化，一套电气流水线作业让农户们变得非常轻松。

绿水青山间，光伏板沐光而起，在企业厂房、居民屋顶遍地开花，正成为乡村百姓致富的“绿色法宝”，生态理念浇灌到了每个人的心里。

在安吉县天荒坪镇余村村，两山文创民宿创办人葛军前往门口的数字化电力驿站，通过智能办电机器人“亮亮”，视频连线余村未来乡村绿电服务中心的值班党员，在线咨询充电桩安装事宜。值班党员从出发到上门踏勘，仅需5分钟。

依托“互联网＋”供电服务，国网湖州供电公司通过村网共建、社区共建实现服务端口前移，入驻村级便民服务中心，打造智能化网格服务体系，通过手机App就能“一次都不跑”申请服务，微电窗口、电力便民服务亭让乡村服务随时“满格在线”。

在澎湃奔涌的绿色电力浸润之下，太湖南岸的湖州奋勇争先，呈现出一幅属于新时代的共同富裕、天蓝水清、乡愁绵延的绿色共富新图景。

星星点点灯火阑珊，岁月在后光明在前。

未来，国网湖州供电公司仍将步履不停，助力推动能源转型，经济稳进提质、绿色低碳发展、共同富裕先行，为浙江高质量发展建设共同富裕示范区，湖州建设国家可持续发展议程创新示范区助力，推动供电保障从“用上电”“用好电”向“用好能”转变，为美好生活充电，为美丽中国赋能。

（杨　晨　姚羽霞）

安且吉兮电璀璨　绿水青山映未来

2022年9月25日，湖州市安吉县余村村两山文创民宿顾客满盈，民宿主葛军计划在民宿旁安装充电桩，方便客人绿色出行，便前往家门口的余村“红船·光明驿站”，远程连线未来乡村绿电服务中心的红船共产党员服务队队员王明明，提出新需求。

令他没想到的是，不到半个小时，工作人员立马带着装备上门踏勘用电条件，确认可行后，开始装表接电，火速解决了他的需求。他兴冲冲地握住王明明的双手，眼里流露出了赞许。

在葛军的印象中，10年前余村的供电服务还没有如此迅速、便捷。一旦发生用电故障，村里人拨打余山供电所抢修热线，供电人员从抵达现场到维修复电，至少需要两三个小时。现如今，随着生活水平的提高，家家户户屋顶上都安装了光伏板，空中杂乱的电线也不见了。他乘着旅游的东风开起民宿，遇到用电问题或者想要进行全电改造，就通过电力驿站或网上国网App提交需求，用电获得感满满。

2021年，《中共中央　国务院关于支持浙江高质量发展建设共同富裕示范区的意见》发布后，浙江肩负起光荣而艰巨的使命，率先成为建设共同富裕示范区的“探路先锋”。湖州是浙江共同富裕建设“缩小城乡差距领域”试点之一，安吉同时入选“建设共同富裕现代化基本单元领域”试点名单。

在灵峰街道横山坞的半日村民宿，来自苏州的游客周圣博通过房间的智能面板控制平台，点击屏幕就能选择离家、回家、阅读、休息等多种生活模式，自动调节照明、影音及室内温度，并系统关联音响、空调、窗帘等家具。“在浙江农村能感受到这么高科技的民宿，真是开了眼界。”他感慨道。当年，横山坞村还是一个“空心村”，仅有30多户留守农户，村民大多外出务工。一切变化都源于乡村电气化项目的实施。该项目规划建设71家民宿，把昔日的“空心村”打造成为“看得见山，望得见水，记得住乡愁”的智电民宿村落。

依托“安且吉兮”的自然禀赋，为乡村振兴插上“跃迁的翅膀”。从起初的新农村电气化县到新时代乡村电气化示范县，再蝶变成如今的“绿色共富”乡村电气化示范县，安吉始终发挥美丽宜居、绿色发展、改革创新、城乡均衡等特色叠加优势，构建清洁高效农村绿色能源供应体系和便捷供电服务体系，全面提升农业生产、乡村产业、农村生活电气化水平，从昔日人无我有的“发源地”迅速成长为人有我优的“模范生”。

国网安吉县供电公司红船共产党员服务队在余村两山文创民宿，向民宿主介绍充电桩安装申请步骤，优化乡村供电服务

越来越丰富的乡村电气化元素根植在绿水青山间。截至2022年，安吉已累计实施电能替代项目512个，替代电量6.2亿千瓦时，减少煤炭使用量约24.8万吨，减少二氧化碳排放量约61.81万吨。乡村电能终端消费占比不断提升，绿水青山间涌动着清洁电能，大地上吟唱着共富之歌。

（金　玮　袁丰悦）

优质服务赋能“富美长兴”
提质节能引领“碳效未来”

从能用电、有电用，到用足电、用好电，国网长兴县供电公司持续升级服务手段，不断优化电力营商环境，全力解决群众用电方面急难愁盼问题，为经济高质量发展及人民美好生活提供优质供电服务。

一直以来，长兴都是传统工业强县。2021年，长兴县876家规上工业企业增加值完成296.05亿元，增长14.1%，激发企业绿色发展、节能降碳的动力，早日实现碳达峰一直是当地企业和政府追寻的目标。

力行到细处，见微乃知著。2021年2月，全国首创的“碳效码”在湖州长兴试点，通过引入经信、电力、统计等部门数据，贯通碳—能—电数据链条，对水、电、煤、气等39类数据进行共享，核算企业碳排放数据，定位碳足迹。“碳效码”实行季度、半年度、年度评价，将企业周期内单位产值碳排放量与所处行业同期单位产值碳排放平均值进行比较，评价其碳排放水平并赋码，企业能效水平一目了然。“碳效码”显示为1级，表示单位产值碳排放远低于行业水平；显示为2—4级，表示接近或略超出行业水平；显示为5级，表示高于行业平均较多。对“碳效码”4级、5级的企业，供电公司将联动政府帮助进行技术改造，助力节能降耗。

国网长兴县供电公司碳效工程师钱心晖一直关注工业企业能效水平。他说，工业企业占碳排放量的80%左右，但很多企业对所在行业的能效水平、自己所处位置没有清晰的概念，如果有直观的能效评价，落后企业会有更多改进的动力。

国网长兴县供电公司碳效工程师指导企业负责人查看“碳效码”，为企业节能减碳提供指导意见

位于长兴县煤山镇的浙江奇达纺织有限公司成立于20世纪90年代，是一家从事化纤丝布加工、纺织用品销售的老牌企业。首次评定碳效时，根据能效账单显示，其2020年度数据被定为3级，在全县纺织业中处于中等偏后位置。

碳效工程师根据“碳效码”生成的能效账单对企业的减碳情况“把脉问诊”，并进行长期跟踪。钱心晖也在第一时间来到了奇达纺织，查看窑炉、检查变压器、巡视生产线，他忙碌在企业生产一线，对症下药，第一时间为企业开出减碳“良方”。

在供电公司的建议下，企业投入8500多万元以更新设备，现在每吨丝的用电量从1250千瓦时降至960千瓦时，还利用厂房屋顶进行光伏改造，改善了能源结构，减少排放。2021年四季度，奇达纺织的“碳效值”为

0.48，在全县271家纺织企业中排第72位，碳效等级为1级，处于行业领先地位。

有了“碳效码”，政府碳排管理有了帮手、全社会减碳有了助手、企业提效有了抓手。同时，基于“碳效码”的“供电＋能效服务”“碳监测”“碳效贷”“碳诊断”等举措应运而生，推动供电服务向更加多元化的趋势发展。

目前，“碳效码”已在浙江全省规上工业企业推广，通过企业碳效水平和规上工业平均碳效、企业所属规上工业行业平均碳效的分类对比，从两个维度为企业碳效水平赋码。

（王　宁　尹奇锋　汤天承）

千年古越亮胆剑
稽山鉴水向光明

山水相逢，绍祚中兴。

一棹一影一凭栏，乌篷拱桥映水乡，厢坊设置、街衢布局、水城格局，从古及今依旧清晰；三山万户、百桥千街、三十六源水城，人文荟萃且富有张力。这份刚柔并济的风光，来自浙江绍兴，一座建城2500多年的江南水城。

越王勾践卧薪尝胆，开复国之光明；王阳明知行合一，开吾心之光明；秋瑾、徐锡麟，开革命之光明；蔡元培、鲁迅执笔为枪，开思想之光明……一批批仁人志士以实际行动诠释了“光明”基因，浓厚的历史文脉被赋予了新的精神特质，在绍兴城中生生不息。作为首批24座全国历史文化名城之一，习近平曾27次亲临绍兴考察调研，勉励嘱托绍兴要谱写新时期的“胆剑篇”。

千年古城赶潮，电力扬帆推波。国网绍兴供电公司始终践行“宁让电等发展，不让发展等电”重要嘱托，铭记周恩来总理“光明”期许，胸怀“人民电业为人民”初心使命，心向光明、行诺万家、薪火相传，持续当好电力先行官，架起党群连心桥，全力为地方经济社会发展充电赋能，以电力之光，点亮稽山鉴水这座“光明之城”。

建强电网 共同富裕保稳供

眼下，国网绍兴供电公司以数字化为引擎，将锁在“小抽屉”里的数据纳入“大仓库”管理，依托绍兴市能源大数据中心上线“能源双碳数智平台”等数字化应用，支撑碳排双控，提高社会能效水平。该应用可助力杭州湾上虞经济技术开发区全年减少碳排放42510.15吨，化工业碳排放降幅将达4.66%。

绿色发展的背后是强而有力的电网支撑——

2012年，绍兴全市全社会用电量337.71亿千瓦时，拥有110千伏变电站119座、110千伏线路1880.07千米。

2021年，绍兴全市全社会用电量515.79亿千瓦时，拥有110千伏变电站157座、110千伏线路2455.91千米。

如果说，光明是火种，那么电网就是引线。2012—2021年，绍兴35千伏及以上输电线路从4564千米增加至6245千米，增幅达36.8%，其中110千伏线路从1880.07千米增加至2455.91千米。

绍兴电网从坚强骨干网架到推进各级电网协调发展，不仅有“量”的变化，还有“质”的变革。

2013年7月，国内首座220千伏装配式变电站袍兴变投运；2014年10月，有着34年历史的220千伏变电站九里变转型升级为220千伏智能变电站；2016年8月，绍兴地区首座±800千伏换流站建成投运；2017年7月，绍兴主城区完成配电网目标网架建设……随着灵绍特高压直流输电工程建成投运，主电网目标网架建成，绍兴形成了特高压、高压、配电网双环网层层叠扣的供电格局，为实现共同富裕托底保供。

绍兴电网更具“弹性”，更有“韧性”。2021年绍兴全社会最高负荷

919.8万千瓦，较2012年的544万千瓦增长69%。从2020年起，国网绍兴供电公司打造中心城区、镜湖新区和新昌县域三个特色高弹性电网示范场景，并完成中心城区全部用户负荷特性精准画像。

2022年6月，在绍兴上虞投运的35千伏中压直挂式储能电站每天可有效缓解区域约6000户居民用电紧张问题，确保周边6—7个小区稳定可靠用电。“白天我们基本借助光伏进行发电，光伏出力可达到20万千瓦时左右。到了晚上，光伏无法继续供电，这时候储能电站将接过接力棒，可以在夏季夜晚用电高峰期时段为220千伏道墟变下居民用户供电两小时左右，有效缓解电网负荷压力。”国网绍兴市上虞区供电公司调度控制分中心负责人王建军说。

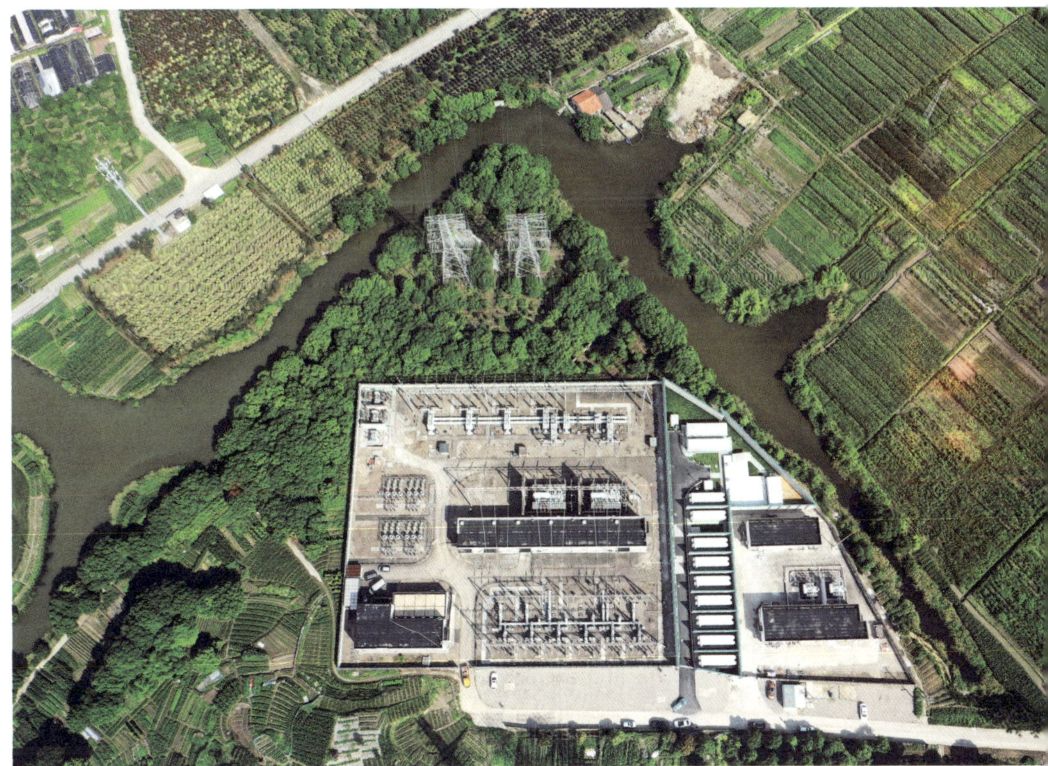

全国首个35千伏中压直挂式储能电站

在新昌，国网新昌县供电公司利用小水电资源丰富的优势，在带蓄水能力的库容水电站安装远动控制装置，通过全流域梯级水电站协同优化调度控制策略，将小水电从单一的地毯供能单元转变为提高区域电网应急能力、调节城市电力峰谷的“充电宝”。

在诸暨，国网诸暨市供电公司助力政府做好分布式能源发展规划，主动提供光伏信息服务，促进各地区光伏发电等新能源发展，加大分布式能源并网消纳，建立专业服务队伍，做好分布式能源并网服务，推广储能技术应用，促进农村能源清洁低碳转型。

跨越山河的铁塔银线，同数字化和绿色化相互交织，为古越大地注入强劲动能。依靠坚强的大电网网架，国网绍兴供电公司在满足电力需求的基础上，通过大数据、“量子+”电力、数字孪生等技术，为物理形态新型电力系统精准赋能、赋智，通过数字化提升电网感知和控制能力，支撑碳排双控，提高全社会能效水平，对城市动脉的感知能力更智慧化。

与此同时，国网绍兴供电公司打造全省首个量子示范区，在无人机、电缆在线监测、移动机器人、分布式光伏、智能开关等设备上完成全业务的量子化改造和多场景应用验证，覆盖电网输变电、营销、配网、调控等领域。

提速增温　便民助企最优化

2022年5月，在了解到比亚迪新项目即将落地绍兴后，国网绍兴供电公司市场服务中心第一时间对接绍兴市发改委、滨海新区管委会等政府部门，获取项目赋码信息，实现信息及时共享，并走访比亚迪公司了解具体用电需求，提出电网接入、优化用电、安全用电、综合能源等服务建议。

8月19日，该项目地块完成出让，国网绍兴供电公司市场服务中心随即在下一工作日完成供电方案答复，真正做到企业用电“零等待”。

“以往项目用电审批模式是‘土地拍卖—业主上门—出具方案—调整规划’，而现在，已确定建设内容的项目，可以在土地完成出让前的准备阶段，前置开展现场勘查、供电方案制订等准备工作，大大缩短了项目流程时间，加快了业扩接电速度。”国网绍兴供电公司市场服务中心副主任李海峰介绍，“对企业来说，早一天用电、开工，就能早一步抢得市场先机。”

“拿地即答复”这一前置服务模式，通过简化程序、优化流程、下放权限，加强协同协作，创新服务方式，有效实现业扩报装提质提速，将有力支撑经济稳进提质，真正做到“电等发展”。

不仅如此，国网绍兴供电公司更是立足地方八大产业，为企业“量体裁衣”，用能效提升方案切实唤醒用户节能内驱力。“贵户实际功率因数为0.93，力调电费还有提升空间，建议改造无功投切装置，将功率因数调整至0.95以上，可减少电费支出。”国网绍兴供电公司红船共产党员服务队队员为外商独资企业开展专项“问诊”，结合该企业用电数据，从负荷利用率、峰谷用电比例、企业生产特点等方面入手，量身定制了优化用电建议书。

在绍兴市柯桥区，国网绍兴供电公司助推印染电机节能改造，节省电费770余万元；在嵊州，纸业余热梯级利用，节约标准煤约122吨……

国网绍兴供电公司持续提升优质服务，推进新型供电服务体系建设，试点推进“阳光业扩”，网格化“1＋N”服务模式，建立全天候预约机制，强化内部协同，为低压用户提供7×24小时现场勘查、装表接电服务，创新设立能源数据应用中心，深入挖掘存量资源价值，推动资源共享运营，持续提升用户办电便利度。

兰花娇贵，大棚内需设有恒温恒湿系统，引电入棚是新种植户们最关注的事。柯桥区花农陈宝玉所在种植基地距离供电公司的低压线路较远，若是直接采用低压供电，会造成末段低电压，影响灌溉水泵等一大批设备的使用。供电公司在收到陈宝玉的增容申请后，考虑到其特殊需求，该村网格负责人第一时间勘查现场，并给出了在基地附近的高压线路旁增设马岙C台这个公变台区的方案，方便用户统筹规划种植基地用电，有效降低投资成本和后期运营成本。从得知陈宝玉的用电需求，到完成公变安装，再到完成低压送电，整个过程仅用了7个工作日。

基于电力大数据和政府统计数据，国网绍兴供电公司推出首个以缩小城乡差距为主攻方向、助推共同富裕和乡村振兴的电力指数——城乡协调发展电力指数和乡村振兴电力民生指数。指数涵盖了总体发展水平和城乡发展差距两大方面，直观反映地区在物质生活、精神生活、生态环境、社会环境和公共服务等方面的情况，指数越高，表明城乡发展差距越小。其中，乡村振兴电力民生指数已被纳入绍兴市政府农业农村“十四五”规划，将为乡村振兴电力先行服务提供有力支撑，更为政府提供决策依据。

国网绍兴供电公司用优质服务“软环境”为城市发展提供“硬支撑”，促请出台电能替代支持政策36项，配套改造192个小区充电桩工程，累计完成替代电量52.87亿千瓦时，同步优化“水电气一柜办”“搬家一件事”线上联办等服务流程，让群众办好“一件事”只需跑一次。

光明引领　急难任务勇当先

1939年3月30日，周恩来同志为绍兴大明电气公司5位工人代表题写“前途光明”“光明在前”“光明灿烂”“无限光明”“为光明而奋斗”，五幅题词都有“光明”二字。新中国成立后保存下来的，只有“前途光明”这一幅。周恩来“光明”题词是国网浙江电力独特的红色资源和精神瑰宝，代表了当时对抗日战争的必胜信心、对电力未来发展的美好期许，见证了红色革命、电力光明和社会发展，饱含着党对电力工业的殷切关怀。

殷殷嘱托如磐，时代答卷常新。在新冠疫情这场大考中，国网绍兴供

电力工人正在架设安装导线和避雷线

电公司强化电力调度、远程监控、设备巡视、故障抢修、便民服务、秩序维护等工作，尤其是在医院、防疫部门、临时封闭管理社区的保供电工作中，组织红船共产党员服务队队员带头坚守岗位，主动深入疫情防控一线、基层社区村居，展示出“铁肩膀”“真本领”，为战“疫”架起了电力“生命线”。

在此期间，国网绍兴供电公司为企业开辟绿色通道，助力企业复工复产，全力做好“六稳”“六保”工作，出台助企复工“十项举措”，为企业节省电费支出25.37亿元。同时，该公司深化电力大数据应用，利用“企业复工电力指数”“转供电费码”，为地方政府精准研判疫情、有序复工复产提供决策服务，推出基于区块链技术的供应链金融服务，帮助中小微企业获得低息融资超1.8亿元……

不忘初心，牢记使命，光明火种从过去一直照亮未来。2019年，国网绍兴供电公司开展纪念周恩来总理“前途光明”题词80周年活动，追寻“光明”历史足迹，传承百年电力“光明”红色基因。

近年来，国网绍兴供电公司实施“旗帜领航”党建工程，深化“闪耀党建红、点亮国网绿”主题党性教育，探索形成以主题展馆为主阵地、特色实践为支撑的文化传承模式，打造“光明工程”“光明馆”“光明”系列行动等加强和改进思想政治工作的阵地、路径。在赋予企业新时代思想政治工作生机和活力的同时，忠诚守卫电力能源安全，服务地方经济社会发展，助力共同富裕示范区建设，有效发挥思想政治工作独特优势。

微光汇聚，方能点亮稽山鉴水万家灯火。

一幕幕逆境中的坚忍不拔，一幕幕险途中的攻坚克难，光明火种在每个绍兴电力人心中生根发芽，在传承“光明”题词精神、传递光明伟力中丰富涵养光明文化，以信念之名行砥砺之事，所到之处皆是温暖和光明。

在嵊州市区的主要河道水岸旁，标识明显的防溺水救援设备是国网绍兴供电公司“向光而行”水岸应急装备物联网项目的缩影之一，是电力参与全民志愿的又一范本。该设备嵌入百度地图、高德地图等导航软件，能自动标识出用户当前所在位置附近的救生杆位置，帮助志愿者快速拿到救生设施，救助落水人员。

扎根基层一线20多年的鲁江锋，常年义务检修电力线路，志愿帮助老弱病者和困难群众，带领团队积极参与安心志愿服务、电力公益宣传、社会电工培训等活动，几年来累计覆盖人数超10万人。

心向光明，行诺万家，薪火相传。

踏上新征程，国网绍兴供电公司将抢抓机遇，弘扬“忠诚担当、求实创新、追求卓越、奉献光明”电力精神，加快创建以数字化牵引新型电力系统省级示范区建设的市域样板，助推地方经济社会高质量发展。

（王乾鹏　吴　琪）

“电力老娘舅”深入践行“枫桥经验”

在浙江省诸暨市枫桥镇有位“电力老娘舅”，不管何种矛盾和纠纷，经他调解，总能“化干戈为玉帛”。

用电企业想开了，不再向其他企业索赔

2022年6月，有家汽配企业落户枫桥镇海角工业园。要给这家企业接电，需要同一条供电线路上的三家企业短时停电。

这三家企业都不同意停电，生意最好的枫桥轴头厂负责人秦峰的反应尤其激烈。

新落户的汽配企业负责人林飞赶忙打电话给“电力老娘舅”陈仲立，向他说明了情况，希望他能出面调解。

很快，陈仲立走访海角工业园里几位老企业主。一通劝慰过后，其他两位都让步了，唯独秦峰十分坚持：“只要他赔我5000元的损失费，我立刻同意停电！”

如果每次企业接电都得赔偿，那还有谁敢来我们这投资发展？

陈仲立回到供电所后，先向所长汇报，得到支持后，立刻着手与同事沟通方案。陈仲立找枫桥镇政府工作人员商议好对策，一同来到秦峰厂里。

“秦峰，将心比心呐，当年你的企业办起来的时候，也是我们给你来接电，也需要别的企业停电。当时，那些企业让你赔钱了吗？”陈仲立说。

见秦峰不作声，枫桥镇政府工作人员马上说道：“你看这样好不好？我们让供电所尽量缩短停电时间。你们呢，把员工休息时间全部调到停电那天，这样就不会对生产经营造成损失了。”

秦峰最终让步了，表示愿意配合。

林飞开心地握着陈仲立的手：“阿立师傅，真是太感谢您了。”

跨镇接电方案，村民同意了

“阿立师傅，你赶紧过来，刚挖的杆洞又被人给填了！”2022年7月的一天中午，陈仲立接到了同事的求助电话。

事情发生在赵家镇芦狮村的大沙滩自然村。那阵子，镇里正在进行农村网改，大沙滩自然村需新增一台变压器。

这事不难。但枫桥供电所工作人员实地踏勘后发现，从供电半径来计算，最优方案是把新的变压器安装在与该村相邻的枫桥镇枫源村里。也就是说，这需要跨镇接入。

“我们用的变压器要装在枫源村？这怎么行！”大沙滩自然村村民们一听，不干了。而枫源村的村民们也因此犯起了嘀咕。

不知是哪个村的村民先起了头，竟趁着夜色，把白天电力人刚挖好的杆洞又给填上了。

陈仲立通过走访，了解了村民们的想法。

大沙滩自然村村民们担心要是以后枫源村不肯行方便怎么办，而枫源村村民则疑惑：变压器装在我们村，那就是我们的资产，为什么让他们用呢？

陈仲立把两个村子的村干部、村民代表叫来，向他们解释道：“首先，变压器是供电公司的资产，不属于任何其他个人和村集体所有。其次，不论是枫桥镇还是赵家镇的用电，都是归枫桥供电所统一管辖、调配，不存在‘不肯行方便’的情况。”

陈仲立这样一番解释后，村民们终于释怀了，同意跨镇搭电的方案。

“电力老娘舅”在调解矛盾纠纷

就这样，停工4天后，施工班终于再次走进了大沙滩自然村。

2023年是毛泽东同志批示学习推广“枫桥经验”60周年。在浙江诸暨，“电力枫桥经验”是在企业领域践行“枫桥经验”的一块金字招牌。诸暨市共有252名“电力老娘舅”，他们在日常工作中，探索出“党建引领、群众路线、法治思维、源头治理、网格管理”20字工作法，把一件件好事、一桩桩实事、一个个难事办到群众心坎上，在逐步实现全体人民共同富裕的道路上，架起一座座党联系群众的“连心桥”，为高质量发展建设共同富裕示范区的诸暨范例贡献力量。

（毛年永　章奇斌）

空调负荷科学管理助企开启“无感”节电模式

“你上次和我说的空调无感调节，我们公司确实需要，可以缓解用电压力，还能减少电费支出。”2022年10月24日，绍兴三花新能源汽车部件有限公司电气负责人梁江均联系到国网绍兴供电公司江滨供电所工作人员蒋宏村，希望供电部门尽快安排安装负荷管理终端。

接到电话后，蒋宏村立即将情况上报，并迅速组织专业员工赶往现场勘察。

绍兴三花新能源汽车部件有限公司是三花控股集团旗下的子公司，位于绍兴滨海新城。作为当地先进制造业的代表，该公司瞄准节能低碳与智能化控制市场，主要生产制造换热器、压块、贮液器及气液分离器等集成组件。

蒋宏村在现场勘察过程中发现，除了生产车间的空调，该公司所有员工宿舍都装有空调。若为宿舍安装空调控制终端进行空调负荷管理，可以极大提高该公司的能源使用效率。

“员工用电确实占据了公司非生产性用电的较大比重，为了给员工打造舒适的生活环境，增加公司招贤纳士的优势，我们基本不限制用电量，只是做了节约用电的提醒。”梁江均担心，“这样做会不会造成员工的反感?”

“这个你们放心，早在启动这个项目时，我们就做过研究，夏季26摄氏度、冬季20摄氏度是人体感知的最舒适温度。”蒋宏村当场做起了科普。

经过勘察，供电公司工作人员可对259台壁挂式空调、16台单相柜机空调以及25台三相柜机空调进行无感调节终端安装，可接入功率约400

千瓦。

从空调温度的调节变化特征和空调节能数据来说，若能根据室外温度升降实现实时温度正确调节，则可以做到百姓生活“无感”，在满足美好生活的同时，使用电负荷日趋平稳，更好地保障社会发展用电需求。

据统计，2022年夏季，绍兴地区以空调为主的降温负荷约占全社会最高用电负荷的31%。在此背景下，国网绍兴供电公司根据用户感知程度，将调整至26摄氏度变化的负荷值作为无感可调负荷、调整至28摄氏度变化的负荷值作为轻度影响负荷，启动安装空调控制终端，打造“无感响应”平台，成功实现空调负荷多点聚合和远程控制。同时，云储能、充电桩、智慧路灯等用电设施也接入了该平台，尽可能将平台有效控制负荷后节约出来的电力，用于保障社会民生和其他重要领域用电。

电力客户经理调研企业能效情况

在绍兴，像绍兴三花新能源汽车部件有限公司这样的企业还有数千家，如果全部汇入空调无感响应资源调节池，将极大缓解极端天气下用电高峰紧张的情况。

截至2022年11月2日，绍兴三花新能源汽车部件有限公司顺利完成300台无感调节终端安装，预计每年可帮助企业节省电量50000千瓦时，节约电费3.3万元。

（张馨月　谢涛琪　俞佳涛）

第三章 山乡巨变

SHANXIANG JUBIAN

浙江自古以来山灵水秀、人文蔚兴，尤其是金丽衢三地，依山傍水，不知留下多少诗人、隐者探访名山的足迹。从“水通南国三千里，气压江城十四州”，到“从前惯做神仙梦，未到莲都总是空”，再到“绿阴不减来时路，添得黄鹂四五声”，人人闻之神往。国网浙江电力以电为媒，通过电力赋能，助力地方政府、百姓、企业念好“山”字经，在乡村振兴、共同富裕的路上注入优质服务、科技力量，并坚持绿色低碳，推动建设一个清洁美丽的世界，使本就美好的地方变得越发美好，宛如人间仙境、画里故乡。

通“衢”大道势如虹
奋楫逐浪此其时

打开中国地图，地处浙、闽、赣、皖交界的衢州，承东启西、连接南北，是一座有着1800多年建城史的历史文化名城，亦是圣人孔子后裔的世居地和第二故乡，是儒学文化在江南的传播中心。东南阙里，儒风浩荡，四省通衢，五路总头，造就了衢州曾经的辉煌。

迈进新时代，这座全域均为山区的城市，加快追赶跨域步伐，持续推进打造四省边际中心城市，推动城市能级实现新提升。城乡面貌日新月异，人民的获得感、幸福感、安全感不断提升，千年古城焕发出勃勃生机。

而在这生机的背后，电力作为畅通经济发展的坚强血脉，始终牵动着这片美丽土地的发展脉搏，提供万家灯火的贴心温暖。

俯瞰三衢大地，铁塔高耸入云、银线翻山越岭、变电站星罗棋布，一个联结城乡、辐射周边的智能化电网，让衢州实现了更深层次的“四省通衢、五路总头”。

2012年，衢州全社会用电量116.08亿千瓦时；2021年底，这一数据突破200亿千瓦时，达到210.6亿千瓦时。如果说璀璨三衢是一座大楼，那么电网建设、电力营商环境、绿色低碳化，就是这座大楼的长、宽、高。

拉长长度
以更大更广电网提供澎湃不竭动能

一个网架坚强、统筹协调的电网，正在为衢州经济社会发展提供澎湃不竭的力量。

2022年9月24日，位于江山市城东新城的110千伏城东变投用，新城区域电网有了新支点。

从高楼零星点滴灯光，到广厦林立照夜如昼，经济发展到哪里，电网就延伸到哪里。2012年，衢州拥有110千伏变电站37座、220千伏变电站10座、35千伏及以上线路2469.915千米。到了2022年，数据分别更新为50座、15座和3637.817千米。

一边是工业经济大发展，一边是居民用电要确保，电网建设必须以更大的力度、更高的强度推进——

2013年7月，衢州首次通上了特高压工程，这一工程全名为“溪洛渡左岸—浙江金华±800千伏特高压直流输电线路工程”。工程西起四川宜宾，东至浙江金华，西南丰富的电力资源使衢州经济血脉更畅通、更具跃升力！

电网建设不仅仅是规模的扩大：2014年9月，衢州首座220千伏数字化智能变电站正式投运；2015年10月，首次采用“软梯荡入法”进入等电位为±800千伏特高压宾金线进行带电检修，这标志着国网衢州供电公司特高压直流带电作业水平迈上新台阶；2017年4月，国网衢州供电公司在全省首次试点220千伏变电站集中检修模式，开创了精益化检修新模式；2019年6月，完成首次0.4千伏发电车不停电并网工作，实现低压供电“无缝转接”，在百姓“毫不知情”的情况下实现电网改造升级……近年来，衢州的电网建设正朝着从满足地区供电需求到超前规划打造坚强智能电网的方向不断蜕变。

未雨绸缪、谋定而动，方能为经济社会提供强有力的保障。电力先行，离不开电网规划有序落地。2022年以来，国网衢州供电公司高质量完成九华—崇文220千伏线路工程、衢州西部220千伏电网优化工程等5项重点项目可研攻坚，并加快推进“双高”配网建设，将全市配网划分为25个分区、107个网格，累计完成165项共2.4亿元的配网可研储备，建成标准网格77个，投产省际互联项目6项和市际互联项目4项。

与此同时，国网衢州供电公司大力推进衢州中部电网补强、西部电网优化，锚定做强一张大电网、打造核心区“双高”配电网目标，以“降碳聚能，共富江山”省级示范为重点，深入推进新型电力系统建设，大幅提升电网优化能源资源配置能力和电网调节能力，加快形成衢州市域及四省边际以电为中心、多种能源互联互通、互济互补的现代能源体系。

国网衢州供电公司“红船·光明驿站”电力流动营业厅走进“浙江衢江盒马村·阿里数字农业示范区”，现场为农户提供低压增容服务

数字赋能为产业转型、平台升级增添新引擎。国网衢州供电公司不断推动企业和电网数字化转型发展，持续深化数字技术与电网业务的融合创新，持续提升数字化基础设施支撑能力。该公司聚焦“构建新型电力系统、助力‘双碳’目标实现”重大战略任务，成立浙江省首个政府授权的地市级能源大数据中心，深度参与“碳账户”体系建设，基于碳账户的“双碳”落地改革实践荣获衢州市2021年改革突破奖（特别贡献奖）；推出全省首个用能预算化管理数字化产品，工作成效获省市相关领导和国家电网公司领导批示肯定。一项项具有衢州特色的数字化成果，为公司数字化牵引新型电力系统建设奠定坚实基础。

抻宽宽度
以更优更实营商环境温暖大小客户

突破200亿千瓦时，10年增长近一倍——用电量最能体现一个城市能级变化、城乡变化，更是电力营商环境的生动写照。

“这次政府、供电公司合力帮我们省了近1600万元的投资，全程一次也没跑，真是省心又省力。”通过浙江首个电力接入工程费用分担机制数字化服务平台的流转，2022年9月26日，浙江碳一新能源有限公司电力接入工程完成全部35千伏线路建设。这标志着衢州市电力接入工程真正实现线上“一网通办、限时办结”。

近年来，国网衢州供电公司持续优化电力营商环境，着力提升供电服务水平。从试点居民房产交易和电水气联动过户服务，到实现低压居民新装、居民峰谷电办理等共计14项用电业务的“零证”办理，从入驻衢州市行政服务中心实现“无差别受理窗口”，到推动八大部门联合出台《衢州市进一步优化电力接入营商环境实施办法（试行）》，电力营商环境日益优化。2021年，国网衢州供电公司携手福建南平、江西上饶、安徽黄山供电公司，联合印发《关于开展浙闽赣皖四省边际城市电力业务“跨省通办”的通知》，先行先试、辐射周边。

2017年3月，“一窗受理、集成服务”公共行业集成服务平台在衢州正式试点，只需在不动产登记窗口提供房产和身份证明，即可完成电水气等公共服务信息同步变更，开启了浙江乃至全国“最多跑一次”改革新模式。

紧接着，2018年4月，借助衢州作为全国首批应用“居民身份证网上功能凭证”试点城市，浙江省大数据中心和国网浙江电力之间的数据贯通将“身份证网证”应用情景延伸至电力服务，国网衢州供电公司成了全国首个可以“零证办电”的供电公司，实现了低压居民新装、居民峰谷电办理等14项用电业务的“零证”办理，开启了办电服务的“刷脸”时代。

通过内外联动提升“获得电力”，体现了“人民电力为人民”宗旨。对外，国网衢州供电公司积极推动政府部门行政联合审批改革，创新开发全国首个电力接入项目行政审批平台，将行政许可时间由2个月缩短至9个工作日，实现了客户办电时间减之又减。

2018年8月底，由国家发改委组织的全国首个营商环境试评价结果出炉，衢州在试评价城市中仅次于北京、厦门、上海，位居第四，这其中“获得电力”指标功不可没！

国网衢州供电公司不断深化政企联动“无证办”“刷脸办”“水电气三联办”服务，实现超前主动服务、储备项目多元应用、业扩报装“你我都不跑”；创新推广阳光业扩“六个典型”客户工程快速响应模式和低压“抢修式”办电服务，实现办电“再提速”。同时，该公司还建成了一批“红船·光明驿站”，让“就近办”“帮您办”成为可能，联合政府建立了电水气管网配套设施提前介入服务“一件事”联办机制，推行浙闽赣皖四省边际城市电力业务“跨省通办”，让企业接电更省心更舒心。

家住浙江开化县的刘晓在安徽休宁县经营一家中药种植企业，以往都要开车前往休宁办理用电业务。“跨省办电”业务推出后，他无须再来回奔波。

不过，电力营商环境只有更好，没有最好。面对疫情的影响，为了更好地帮助市场主体，特别是为中小微企业纾困解难，国网衢州供电公司落地全省首个电力接入工程分担机制，用真金白银和切实的惠企政策缓解企业经营压力。

为了保障政策的高效落地实施，国网衢州供电公司联合衢州市政府推出了浙江首个电力接入工程费用分担机制数字化服务平台，实现了线上“一网通办、限时办结”。平台试运行以来，已有8家企业在线上流转，节约企业电力接入成本约3633万元，平均环节处理时效同比压缩了近40%，企业轻松享受“开门接电”的便利。

撑高高度
以更快更强发展惠及更多企业群众

企业是发展的主力军，解决企业的难题就是电力人最大的担当。

2018年4月，仙鹤股份上市，作为当时国内规模最大的特种纸生产企业之一，企业在用能上有着强烈需求。“电气设备种类和数量都在翻倍增加，新设备的运维要求与参差不齐的运维水平之间存在较大差距，这个问题始终困扰着我们。”仙鹤股份动力总监费旭勇忧虑不小。得知需求后，国网衢州供电公司主动上门，提供“智慧电务”综合能源服务平台的解决方案，双方在设备代运维、节能降耗、云监测等方面开展合作，将仙鹤3座变电站的68个间隔全部交由“智慧电务”来打理。这一下，所有问题迎刃而解。

国网衢州供电公司员工在特高压直流输电线路宾金线上开展带电作业

从“智慧电务”到智慧能源综合服务，国网衢州供电公司深入推进能源消费革命，主动融入数字化改革，推动数据开放共享应用，加快推动全市规上企业和政府公共建筑接入衢州市综合能源服务平台，推广平台跨省应用，打造四省边际能源数据中心。

推进经济高质量发展、让人民共享发展成果，绿色低碳是支撑，是考量，也是加分项。

2021年，围绕“双碳”目标，国网衢州供电公司积极推进地区能源绿色转型，为地方经济发展注入绿色动能，创新推出“绿能码”，用于评价企业碳排放水平，让控碳变得一“码”了然。依托衢州市能源大数据中心和数字化产品“绿能码”，该公司在全国首创“碳账户”体系，覆盖能源、工业、农业、居民生活、交通、建筑六大领域，分类核算贴标定级，支撑政府、金融机构配套差别化产业政策和金融政策，在全国率先打造智能识别绿色低碳企业并提供绿色金融服务的“碳账户”浙江样板。

2021年11月29日，浙江省用能预算管理工作推进现场会在衢州召开，由衢州市发改委、国网衢州供电公司联合开发的能源预算化管理平台在会上首次亮相。该平台依托衢州市能源大数据中心实时监测的用能数据，融入衢州“碳账户”体系相关标准，通过用能基数确认、年度用能预算、执行监测管控、预算转让交易、评估结果应用五个关键环节的精准化应用，形成“先预算、后用能”的精准能源管控手段，助力政府和企业厘清用能账本，做到“家底”有数、“出入账”有数、解决用能需求有“术”，推动能源资源高效配置，提升全社会能效水平和降碳能力。截至目前，国网衢州供电公司已为衢州市1161家规上工业企业完成了2022年度用能预算指标的测算分配，并通过智慧能碳平台进行实时数据采集和大数据分析，指导企业精准节能。

“2021年夏天，我们最高压降了2600千瓦负荷，按照以往，下调2600千瓦需要关停多少生产线、多少设备，是笔‘糊涂账’。现在有了智慧能碳平台，用电量、用电效能一目了然。在供电公司工作人员的指导下，我们最大程度保障了企业生产。”健盛集团电气负责人余辉本欣喜地说。

每一步先行，都是创新，更是发展。

每一次先行，都是耕耘，更是收获。

“旗帜领航、人民至上”，国网衢州供电公司统筹保安全、保供电、优服务、促转型，为勾勒美丽花园新画卷、融入衢城建设新发展、增添工业强市新动力，注入衢电力量、贡献衢电智慧、提供衢电样本！

（杨晓璇　朱梦琦）

“全流域水电智能调控”开启厂网联动新局面

“全流域水电智能调控系统测算显示，上游库容水电站发电的水流预计还有半小时到达你们塔底电站，请你关注水位，可随时通过网源协调App向地调申请发电。”2022年9月的一天，衢州地调调控长杨向明通过网源协调App调度员客户端，将流域水情信息以“手机短信+App通知”的形式告知下游径流电站值班员。

“我是30多年的老调度员了，每天都要接到很多来自水电站的电话。尤其在迎峰度夏期间，最多的时候电话能达到100个。有的是来联系开停机的，有的是来询问上游来水情况的。”在杨向明的印象中，这些电话经常会在调度倒闸操作的业务高峰时间打来，使调度员们忙上加忙。这一情况在2022年的夏天得到了改变。

2022年7月，全流域水电智能调控系统在衢州正式试点运行。全流域水电智能调控系统是一套源网协同、友好互动的一体化平台，具备水雨情自动采集、梯级调度策略自动生成、流域水电信息全景展示的功能，可以确保在电力可靠、连续供应的前提下减少弃水与水耗，实现水能最大化利用。电网调度员结合电网用电负荷预测情况，利用同一流域内水电站上下游的关系、水文水量、发电机组和发电能力等数据，优化不同电站的开停机时间，形成以流域为基础的梯级水电站合力发电策略。生成策略后，通过水电“一键群发”数字化手段，在一分钟内并行向多座水电站批量发布调节指令，将原先需要数小时才能完成的指令下发、机组开机工作压缩至10

国网衢州供电公司调控员通过全流域水电优化控制系统，制订优化调峰方案

分钟以内完成，实现众多小水电站快速调节出力，开启了浙江电力“厂网联动”新模式。

2022年8月，在夏季高峰保供电工作中，衢州地调通过全流域水电智能调控系统生成“库容+径流”的全流域水电挖潜增供策略，借助网源协同App一键群发，实现高峰时段水电挖潜增供20万千瓦，取得了良好的社会效益。

与此同时，一个厂网友好互动的新局面也逐渐形成。衢州35千伏塔底水电站负责人徐声乘就深有感触：“电站在2008年就投入运行了，我们每天都要往调度台打几个电话过去，联系开停机和询问上游电站开机情况。”据介绍，作为一个“有水就发，没水就停”的径流电站，上游电站的开机情况和来水速度就是他们最关心的事。“现在调度台通过手机短信和App自动推送上游来水情况，真是太方便了！”

如今，调度大厅的电话不再如从前般此起彼伏，但厂网的互动关系却变得更加紧密，调控员们也可以将更多的精力集中在电网调度业务上。“你看，塔底电站来申请开机了，估计是水位上来了。”杨向明指着网源协同系统上的一条开机申请说，“我这就许可他们开机。”

眼下，“全流域智能调控”正成为衢州在水电调度和网源协调方面的一张名片，水电调度理念从“以电定水”到“以水定电”，水电机组顶峰策略从“单站顶峰”到“全局优化”，厂网信息互动从“逐个电话”到“智能交互”。新型电力系统建设，我们一直在路上。

（方　超　朱梦琦）

电力接入工程费用分担，助力企业轻松“开门接电”

“这次厂房都还没建好，外部线路就已经全部搞定了。而且不需要出一分钱，全部由政府承担，直接减少了60多万元的支出！”2022年4月1日，在浙江衢州永正锂电科技有限公司新增30000吨/年电池级微粉氢氧化锂项目工地现场，该公司生产负责人罗兴旺一边看着已投产的接入工程，一边兴奋地说道。

该工程由政府出资并委托供电公司代建，通过分担机制政策落地，大大降低了企业投资成本。作为衢州市打造全国营商环境最优城市的举措之一，电力接入工程费用通过创新“分类实施、按实结算”的统建模式，由政府和供电公司共同分担，每年预计可为企业减少接电成本1.3亿元，有效减轻了企业电力接入环节的负担。

“以前配网规划与城市规划结合不紧密，导致局部供电容量偏少。企业常常要到很远的地方接电，建设长距离的电网配套工程费钱又费时。”配网规划工作人员说道。电力分担机制不仅为企业省下真金白银的投资，也为电网的精准规划指明了方向。近年来，国网衢州供电公司始终坚持“宁让电等发展，不让发展等电”的谆谆嘱托，结合市政规划、电网供电条件、用电负荷需求等因素，提前安排配电网项目建设，优化区域网架结构，让企业享受到“开门接电”的用电体验。

“获得电力”是评价和衡量营商环境的重要标尺，优质、高效、便捷的电力营商环境有利于激发市场活力、保障企业生产。让客户省钱只是一方面，如何让满足条件的客户一个不落、又快又省心地享受到这样的政策呢？

国网衢州供电公司坚持先行先试，聚焦客户需求，在全省首推电力接入工程分担机制的基础上，联合衢州市营商办，充分借鉴“多审合一”等“最多跑一次”改革成果经验，首创电力接入工程费用分担机制数字化服务平台，并在全市政务服务系统上线试运行，以数字化手段落地政策红利。

衢州江山习谷科技有限公司便是首批受益者之一，该企业于2022年8月初通过招商引资进入浙江省衢州市江山山海协作工业园区。“你们怎么知道我们有用电需求的？”该企业负责人邵珺疑惑地问道。“其实，早在土地出让招标评审阶段，贵公司的项目信息即经过平台推送给我们啦。”国网衢州供电公司客户经理严何勇解释道。进入企业工作20多年，一直在跟政策打交道，现在这个工作一下子变得“清闲”起来，这让企业负责人邵珺颇

国网江山市供电公司客户经理姜建明正在处理电力接入工程费用分担机制数字化服务平台上的业务流程

感惊喜："我也知道有这个政策可以省不少钱，没想到都不需要申请就可以直接享受，真是太省心了！"

电力分担机制数字化平台不仅实现了客户接电"零跑腿"，还让工作人员办理业务更轻松。"再也不需要陪着企业去找属地政府对接了，符合分担机制条件的项目直接通过线上平台推送给我们。借助平台，线上完成和土地管理单位、财政评审中心的业务交互。整个过程，企业不需要进行任何申请，也不需要跑腿催办，真是方便又高效！"国网衢州供电公司客户经理严何勇正在查看平台，在系统界面上，电力接入工程建设进度一目了然。

党的二十大报告指出，治国有常，利民为本。国网衢州供电公司将持续优化电力营商环境，用系统的"智能指数"和数据的"效率指数"，在有温度的电力服务中提升用户的获得感和幸福感。

（杨瑶佳）

笃行实干
书写“金”彩“华”章

金华，是一方“金星与婺女争华”的神奇土地，也是一座素有“小邹鲁”美誉的文化之城。金华山雄踞浙中大地，自然风光秀美奇绝，人文积淀深远厚重，是荟萃古婺文化的重要宝库。一方水土养育一方人。名胜古迹与奇山秀水交相辉映，滋养了世代生活在这里的人们。登白露山、尖峰山、积道山等风景名胜，听牛头山国家森林公园的流水潺潺，感受金华群山的钟灵毓秀，“山”承载了婺州的历史文化，同时也深藏着金华人血液里的文化秉性。

八婺大地处处展现欣欣向荣、蓬勃向上的新面貌和新气象，在不断创新和探索中，国网金华供电公司锐意进取、砥砺奋进，用夜以继日的奋斗，以数字化牵引浙中枢纽型新型电力系统建设、全力服务金华高水平建设内陆开放枢纽中心城市为目标，助力全市绿色低碳转型，推动共同富裕现代化都市区建设。

突破求变　改革创新铸就金电脊梁

改革与创新是金华电力勇立潮头的重要支撑，调控人工智能引擎基地、全电压等级带电作业中心、“全能源品种”地市级综合能源服务平台等一系列成果竞相涌现。在党的十八大、十九大、二十大精神指引下，国网金华供电公司锐意改革，切实发挥科技创新的引领和驱动作用，着力解决了一批制约公司经营管理、电网高效运营的关键问题，赋能公司高质量发展。

近年来，金华电网建设步入快车道。2014年3月，500千伏吴宁变电站正式投运，成为浙江省首座500千伏全数字化智能变电站；2014年7月，位于金华武义的±800千伏金华换流站建成投运，系当时世界上已投运电压等级最高的换流站；2014年12月，位于金华兰溪的1000千伏特高压兰江站投入运行；2018年1月，金华第一个隧道输变电工程、首座220千伏全户内GIS智能化变电站——220千伏望道变投运；2019年11月，全国首座全户内智慧变电站110千伏站前智慧变电站正式投运……截至2021年底，金华新增110千伏及以上变电站59座，增加变电容量1422.65万千伏安，新增110千伏及以上输电线路2641.66千米。金华电网已形成以1000千伏特高压交流、800千伏特高压直流的交直流电网为核心，500千伏和220千伏电网为骨干，装备条件好、科技水平高、跨区联络强、各级电网协调发展的现代化地区电网。2022年，金华第三十一座220千伏变电站——黎明输变电工程已顺利投产，电网建设提速让地方发展动能更足。

国网金华供电公司创新推出全国首台全能型调控机器人“悟空”，这标志着金华电网正式进入人工智能调控操作时代；同时，持续不断地在输变电带电作业中开展探索和创新研究，立足传统带电作业的“金”字招牌，不断扩展其外延内涵，通过构建“全域”带电作业、“全压”工法研发、“全套”试验验证三大平台，奋力开创全电压等级带电作业的“首域”品牌。

此外，国网金华供电公司在国内首次运用“组合式”等电位作业法，成功消除浙福特高压线路缺陷，再次提升国内特高压带电作业水平；创新研发的特高压专用屏蔽服——“带电战甲”具有温度控制、场强监控、生命体征监测和无线通信传输等功能，不仅能改善检修人员的作业环境，保障人员作业安全，也使特高压带电作业效率提高约30%。

这几年，国网金华供电公司不断建设完善充电服务网络，创新探索新型充电产品，拓宽传统充电方式边界，努力解决充电难题。2022年创新研发吸顶式可移动充电桩、移动式智能充电机器人、移动式充储一体机三大特色智能充电设施，实现扫码智能移动、桩体精准定位、充电枪自动收放等功能，有效解决了充电桩无处安装、油车占位、满电占位等难题。

一名电动汽车车主在老旧小区路边使用吸顶式可移动充电桩为电动汽车充电

绘就共富　数字牵引助力乡村振兴

“你们这个服务真好，聊聊天就能把业务办理了，以往都要坐两个小时的公交车去镇上办理。”8月17日，年过七旬的陈元奶在“驿电通”终端平台前拿着一张身份证，笑着用熟悉的浦江方言说道。这是国网金华供电公司使用自主研发的“驿电通”平台，试点推广乡村电力便民线上服务的一个缩影。

近年来，国网金华供电公司一直致力于解决偏远山区老龄人口占比高、智能生活接受度低、普通话沟通不便而导致的办电难问题，依托数字化手段自主研发“驿电通”线上服务平台，集成线上用电缴费、新装申请、故障报修等业务，将现有的乡村便民服务点升级为电力便民“云”服务点，办理业务的老人只需点击屏幕上的“一键呼叫”，便可享受在营业厅同样的服务。目前，已在浦江县内244个行政村完成了“驿电通”站点的布点。

为凝聚更多力量参与到帮扶中来，国网金华供电公司主动承担社会责任，探索“责任联盟”机制，联合水、气、网、医疗、应急等社会各方，拓宽“服务网”，让其成为水、气、网、医疗、应急等单位与偏远山区老年人及弱势群体沟通的桥梁；同时，与其他单位开展不定期的共建联合行动，如上门走访慰问，解决用电及生活所需，时刻关注农村偏远山区老年人生活状态。该公司通过“一键呼叫”按钮，为用户提供与客服后台一对一、面对面（普通话、方言任意切换）的优质业务代办，实现业务办理“零”操作，用人工温情服务破题农村电力服务“最后一公里”，推动城乡电力服务均等化、同质化，实现“共富路上一个都不少”。

与此同时，电力数字化在助力农业生产方面正发挥着举足轻重的作用。在东阳花园村智慧农业园区，各大棚内安装的风机设备电能采集器与温湿度传感器，将风机功率与温湿度等环境数据回传至花园村智慧平台，参照适宜植物生长的环境曲线自动调整风机出力，实现了园区的智能化改造。在海量电力数据的支撑下，花园智慧平台基于小区住户、工业园区的用电数据绘制了全村3D能源矢量地图，为配网精准投资建设提供了科学依据。

国网浦江县供电公司员工在塘波村电力便民云服务点通过“驿电通”服务平台帮助老人办理用电业务

能源转型　绿色低碳赋能山区新生

绿水青山，和谐共生。国网金华供电公司践行绿色发展理念，助力“双碳”目标尽快落地，积极探索浙中枢纽型新型电力系统的建设实践。2021年，浙江省发展和改革委员会印发《关于支持磐安县跨越式高质量发展的若干举措》，提出“依托生态产业资源利用效率和用能效率明显提升”。到2025年，磐安县要积极创建“零碳县”，这也是全省首次提出这一发展目标。在国网金华供电公司的统筹规划下，国网磐安县供电公司出台《“零碳县”创建行动方案及建议》，未来将围绕三大目标、七大举措，以零碳电力加快“零碳县”创建。金华正用最独特的“绿”谱写山水新篇章。

在磐安县的悦云远山农家乐，上海游客陈娟一家四口正利用周末的空闲时间，驾驶电动汽车前来体验乡村生活。白天他们在生态农庄里陪着孩子采摘水果，享受着由绿色电能厨房烹制而成的美食。晚上一家四口围坐在一起，其乐融融，入睡前用上太阳能烧制的热水洗浴，室内的节能灯根据光线强弱自动调节亮度。“我第一次来就爱上了这里的生活，与以前去过的农家乐相比，在这里住得更舒心、更惬意、更有绿色感。”陈娟表示。

店主林方铭说：“得益于‘零碳’农家乐的模式，店里营业额都翻了一番。”旅游作为磐安县“一号产业”，目前共有986家农家乐，每年接待游客约218万人，用电量为5163万千瓦时。若全部升级为“零碳”农家乐，用上绿色电，平均每年将减少碳排放量1.4万吨。

此外，“零碳”景区相继落地，“一乡一域”充电桩全覆盖，省级工业园区电网弹性承载力越来越强大、分布式光伏用户越来越多、磐安县大型抽水蓄能电站开工建设……这些“零碳”的美丽愿景随着行动方案的推进，正在成为现实。

在义乌、磐安，通过建设浙中枢纽型新型电力系统市级示范区，正实现县域之间“双碳”禀赋的外溢与互补。

咬定青山不放松，立根就在绿电中。2022年6月29日，磐安龙源发电、义乌泰达纺织两家企业达成了100万千瓦时绿电交易，成为金华地区首次实现跨县的绿电交易。国网金华供电公司深挖义乌、磐安“新山海”协同优势，以义乌世界小商品之都和磐安“零碳县”创建为契机，从电网互济、双碳互补、经济带动三个层面，推动义乌和磐安电网深度融合、资源共享互济，探索磐电义送、义碳磐汇、义带磐路的共富发展格局。

服务领航 坚持不懈优化营商环境

近年来，国网金华供电公司锚定全国标杆、国际领先目标，全力打造环节最少、办电最快、成本最低、政策最优、服务最好的电力营商环境样板。通过深化“最多跑一次”改革，服务企业减负降本，健全便民服务提升机制，探索建立市场化调峰激励机制，加强招商引资计划和企业产能规划信息共享。国网金华供电公司推动金华市政府出台优化用电营商环境三年行动计划，在省内率先实现“刷脸办电”“市域通办”，在全国首创基于“浙里办”的水电气联动过户新模式。

为助力精准民生服务，迭代建设用电信息采集系统，国网金华供电公司构建了50余个智能精品台区、全电景区、未来社区，实现全域用电安全监测、居民智慧用能服务机制，为金义新区6700余户空巢老人提供7×24小时无感监护；实施不停电更换电能表作业，让用户无感知度过换表过程。

为大力推广“供电＋能效”服务，国网金华供电公司联合金华市政府发布节能降碳“优能入企”行动方案，累计完成电能能效账单走访23030户、综合能效账单推送5451份、企业公共用能系统诊断1564家和重点用能企业能效诊断120家。

聚焦打造具有义乌“商贸＋物流”特色的新型电力系统县域示范区，国网金华供电公司在政策出台、转型发展、数字化建设、虚拟电厂建设、试点项目等方面取得了重大突破与显著成效，打造义乌市商城集团一区、二区综合能源托管示范项目，提升企业用能品质。义乌“获得电力”指数在工信部发布的《2019中国县域营商环境百强研究白皮书》中位列全省第一。

不忘初心　党建引领彰显使命担当

回眸金华电网发展，它是以党建为引领，推动公司业务向“新”而行、逐浪攀高的成果。国网金华供电公司党委坚持“生产经营出题、党建工作破题”，大力弘扬和传承“老浙西”电力精神，强化“融”的理念、优化“融”的举措、明确“融”的评价，以“标准化建设、项目化推进、精品化打造”方法路径为抓手，高标准严要求推进“党建＋争先”工程，着力打造“党建＋”拳头项目，推动党建工作与生产经营同频共振、深度融合。

2022年9月5日，国家电网浙江电力（金华）红船共产党员服务队队员在浙江飞剑工贸有限公司开展用户电力设施安全整治专项回访活动，对该企业保温杯数字化车间和全封闭生产车间的用电情况进行检查。“过去3年，有了专业的‘电力管家’，我们企业生产更安心了！”该公司有关负责人表示。

将用户放在心上，以专业服务大众。国网金华供电公司聚焦用户用电安全，落地供电服务延伸，实施“党建＋安全为民”项目，为金华各类企业提供安全提升和用能提升解决方案，助力传统产业转型升级。由供电公司党委统筹，与各县（市）发改局、安委办联合成立工作组，由供电公司安监部为专业牵头部门，将6个供电所党支部作为落实主体，实施用户电力设施安全整治专项行动。行动实施以来，累计排查企业6742户，帮助消除隐患6083处，以优质服务护航可靠用电。

2020年爆发的新冠疫情给电力工作带来巨大挑战。新冠疫情防控期间，国网金华供电公司第一时间以保电网、保供电、保稳定、保后勤、保服务、保现场“六个保”为目标统筹部署防疫工作，实现公司职工零感染、保电零失误、服务零投诉；出台助推企业复工复产“十全”举措，累计为企业减免电费近12亿元，保障企业用电无忧；运用“企业复工电力指数”辅助政府决策，助力政府出台5000万元工业企业“电力消费券”激励政策，刺激工业电量单月增长14.92%；坚决贯彻国家电网公司阶段性降低用电成本的政策，大力推广转供电费码，帮助降低企业生产经营成本……

不仅仅是新冠疫情防控，在防御台风“利奇马”“黑格比”“烟花”等一场场抢险救灾行动中，金电人“特别能吃苦、特别能战斗、特别能忍耐、特别能奉献”的精神得到凝练和升华，由此造就了一支关键时刻拉得出、用得上、顶得住的铁军队伍。

金电人秉持“人民电业为人民”的企业宗旨，以红船共产党员服务队为载体，开展服务中心促发展、为民服务解难题等各类活动1200余次，相关志愿服务工作多次得到金华市委、市政府的肯定。“幸福蜗居”“心舞工作室”等一批志愿服务特色品牌响遍八婺大地，涌现一批如全国抗击新冠疫情先进个人、全国劳动模范、中国好人等优秀典型。

踏上新的赶考之路，金电人将在党的二十大精神指引下，牢记嘱托、勇担使命、加压奋进，助力高水平建设内陆开放枢纽中心城市，奋力交出“两个先行”高分答卷，为全面建成社会主义现代化强国、实现第二个百年奋斗目标，以中国式现代化全面推进中华民族伟大复兴贡献力量。

（宋晓飞　江晓昱　杨学君）

大棚顶上装光伏
“菌光互补”助“共富”

在浙江武义县上端头村的食用菌光伏农业基地内，一排排大棚甚为壮观：成片太阳能光伏板整齐排列，组成一个巨大的蓝色保护罩，其下是一排排现代化温控大棚，菌棒架上一茬茬香菇正茁壮成长。阳光通过光伏板转化为电能，源源不断地为大棚里的空调供能。这种板上发电、板下种植香菇的“菌光互补”项目，正成为上端头村村民致富的“绿色法宝”。

香菇种植是上端头村的传统产业，早在20世纪80年代，当地就有“要致富，种香菇”的说法，村民日常开支、子女教育、建房修屋，主要都是靠香菇种植的收入。然而，香菇种植对温度要求极高，每年夏日的酷热、冬日的严寒对菇农来说都是考验。尤其是夏季，为了给大棚降温，菇农会在菌棚顶上搭建遮阳网，但一遇到台风、大雨天气，遮阳网被风吹雨打后常是七零八落。“我们也想过给大棚装上水泥屋顶和空调，但土建和用电费用实在难以承受。”傅杰说。

几年前，当地政府推广“科技＋农业”的新型致富模式。国网武义县供电公司工作人员朱义剑介绍，光伏电站替代大棚遮阳网，在产生发电效益的同时，既为香菇生长创造了适宜环境，又较好地解决了光伏发电与大量占地之间的矛盾，实现了经济效益、社会效益和环境效益的多赢。这一模式也得到当地政府和农户的认可。

上端头村的食用菌光伏农业基地是浙江首个“菌光互补”项目。电站利用食用菌基地净面积约6万平方米的大棚顶部，搭装近2万块多晶硅太阳

金华武义“菌光互补”项目全景

电池组件，年发电量可达500万千瓦时，相当于每年节约标准煤1800吨，减少二氧化碳排放4860吨。“插上了‘菌光互补’的翅膀之后，如今上端头村的香菇种植产业已形成亩产鲜菇100多吨、亩收入超100万元的‘双百’科技项目，成为科技推广新型农业示范园，也成为农民致富的‘绿色法宝’。”上端头村党支部书记李海军说。

“菌光互补”模式，带动了当地群众增收致富。目前，该模式已带动周边200余位村民就业。武义县以实施“双百共富”香菇工厂化生产示范工程为抓手，研发建立浙江省首条日产2万个香菇菌棒的智能化、自动化生产线，建成优质香菇工厂化生产示范基地，每年带动农户户均增收超过10

万元。

如今，傅杰夫妇承包的6个温控大棚，可培育10万多个菌棒。“上板下棚”的智慧农业模式，增强了香菇抗风雪和抗高温的能力，傅杰夫妇2021年年收入达40多万元。“香菇7天就能收一茬，人工投入少，产量大，收益好，2022年还有计划再增产呢。”钱包鼓了，夫妻俩在村里盖起了小洋楼，小日子过得有滋有味。

（江晓昱　余　涛）

“带电战甲”科技助力高空作业

上午10时，气温超过40摄氏度，路边稻田里的水被太阳晒得冒起小泡。金华市金东区曹宅镇一处离村庄1千米的特高压铁塔旁，国网金华供电公司输电运检中心的六七名工作人员正忙着将带电作业人员送上铁塔。当天，他们正在进行的是关系到整个华东电力输送的特高压1000千伏输电线路带电消缺作业。

如今，电力已经是人们生活中最不可或缺的基础元素之一。遵循“不停电就是最好的服务”原则，带电作业也随之普及，应用范围越来越广。

在等电位作业时，作业人员将直接接触高压带电部分，若高压电流直接流过人体，将危及生命安全。这时候，屏蔽服就是输电检修人员的“生命保护伞”。

屏蔽服表面是由铜丝等材料混纺成的极密网状物，在防水的同时透气性也不好，屏蔽服里面还要穿一层阻燃内衣。高温天作业穿它很容易引起中暑。这次高温天作业，需要上塔的余子毅特地在屏蔽服里穿戴了由国网浙江双创中心、国网金华供电公司输电运检中心项目团队研发的“带电战甲”。

“这件‘带电战甲’的降温效果怎么样?”“很凉爽，很舒服。”余子毅完成任务下塔后，被负责科技创新工作的同事朱凯拦住并询问它的效果。余子毅指了指穿在屏蔽服里的黄色背心，赞叹道:“太神奇了，穿上它在高温天能够少流不少汗。”

“‘带电战甲’主要由聚乙烯醇基固—固相变蓄冷材料做成的降温模块和保温布料制成的背心外衣构成。”朱凯作为“带电战甲”的研发成员，对其背后的奥秘一清二楚。降温模块在冷冻后分别被放置在保温背心外衣的胸前、背后，可以持续降温2—3小时，使“带电战甲”维持在适宜温度28摄氏度左右，具有较好的吸汗功能。

除了降温，如何让作业人员更安全、效率更高？研发团队为“带电战甲”配备了体征监测装置，它能及时便捷地了解到高空带电作业人员的身体状况。他们还研制了在强电磁环境下降低电晕噪声的无线通信装置，解决带电作业人员和监护人员的即时沟通问题。这套装置还具备存储、回放、备份语音文件的功能。

朱凯说：“这件产品经历了5次迭代，目前技术已经成熟，填补了国内外带电作业智能防护穿戴设备方面的空白，并入选了2021年度国网浙江电力‘首台首套’成果。”

带电作业人员身穿“带电战甲”在宾金直流特高压线上进行带电作业

“国网工匠”蒋卫东作为国网金华供电公司精通输电线路带电作业的老师傅，在使用“带电战甲”后也不禁感慨道：“以前没有穿这件‘带电战甲’的时候，身上十分闷热，连做几个小时带电作业特别难熬，甚至有脱水中暑的风险。穿上这件‘带电战甲’之后，真的感觉凉快、智能了很多。”

不得不说，这件“带电战甲”是高温工作者的福音。近年来，该项目研究成果在浙江、北京、江苏、山东、湖南、四川、湖北等地得以应用，2021年更是实现了产品量产。目前，“带电战甲”已向交警、消防以及志愿者等人群提供试用，期待未来能有更多适用人群用上！

（汪明轩　姜　爽）

电力赋能促发展
秀山丽水美如画

括山苍苍，瓯水泱泱，秀山丽水，景美如画。

丽水是一个人文荟萃之地。龙泉青瓷、宝剑、青田石雕享誉天下，莲都通济堰、庆元廊桥、云和梯田、遂昌金矿历经千载，依然熠熠生辉。

丽水是一方绿色高地，陆域面积在浙江地级市中居于首位，森林覆盖率达81.7%，被誉为“浙江绿谷”。17298平方千米的土地，3573座千米以上的山峰，1100万亩的生态公益林，每天释放出的32亿千克新鲜氧气能供4300万人呼吸。这里无异于天然“氧吧”。

丽水还是一片红色热土。浙西南革命老区是全国12个重点革命老区之一。周恩来、刘英、粟裕、叶飞等老一辈革命家和无数革命先烈在这里留下了光辉的战斗足迹。

时代的高光照耀在这片浙西南大地上。国网丽水供电公司锐意进取、砥砺前行，深入践行“人民电业为人民”的宗旨，积极构建新型电力系统，扎实推进坚强智能电网，全面助力清洁能源发展，以数字化赋能电网发展效能提升，以优质服务助力经济社会高质量发展。

如大潮奔涌，如细雨润泽，电能流淌在生机勃勃的处州大地上，满足人民群众生产生活日益增长的用电需求，为经济社会高质量发展注入强劲动能。

强电网，经济发展动力足

丽水是浙江省唯一一个辖内所有县（市、区）都是革命老区的地级市，“九山半水半分田”的地貌曾经一度限制了丽水经济的发展。2012年，丽水全市生产总值为885.17亿元，在全省11个地级市中排名第十。全市城镇居民人均可支配收入23391元，农村居民人均可支配收入仅7809元。

同时，丽水也是“绿水青山就是金山银山”理念的重要萌发地和先行实践地。这些年来，全市上下坚持绿色发展战略不动摇，不断构建生态经济体系，并积极开展中国碳中和先行区建设、共同富裕示范区建设。

如今的丽水，到处都是欣欣向荣的新气象，区位优势和后发优势正逐渐显现。数据显示，2012年以来，丽水地区生产总值增长2.3倍，工业增加值增长2.3倍，一般公共预算收入增长1.9倍，城镇居民收入增长2.4倍，农村居民收入增长2.8倍。

经济发展，电力先行。丽水“绿起来、富起来、强起来”的过程，离不开坚强可靠的电力保障。

2012—2021年，丽水全社会最高用电负荷从138.6万千瓦增长至256.69万千瓦，增长了85.2%；丽水年全社会用电量从70.9亿千瓦时增长至135.49亿千瓦时，增长了91.1%；丽水110千伏及以上输电线路长度从1558千米增长至3988.8千米，增长了156%。

星罗棋布的变电站、巍峨耸立的高压电塔、纵横畅通的输电线路……2012年以来，丽水不断加大电网投资力度，完成电网固定资产投资118.5亿元。截至2021年底，丽水境内共有1000千伏变电站1座，500千伏变电站2座，220千伏变电站13座，110千伏变电站46座，已基本形成以1000千伏特高压为依托，以500千伏为支撑，各级电网协调、城乡供电可靠的坚强电网发展格局。

2013年，濛洲输变电工程按期投产，实现了220千伏变电站县县全覆盖。此后“单线单变”项目改造全面启动，至2020年5月20日，220千伏濛洲—宏山输电线路工程投运，丽水220千伏变电站全部告别“单线单变”供电。

2014年12月26日，随着1000千伏浙福特高压交流输变电工程正式投运，丽水电网承接福建的核电、水电等绿色能源，进一步拓宽了本地清洁能源输送通道，迈入了特高压时代。至2021年5月31日，丽水第二座500千伏变电站剑川变正式投产，形成丽水500千伏“东西互济”的可靠网架格局，实现当地电网从“单核”向“双核”可靠驱动转变，提高电网输电能力，增强电网供电可靠性。

2022年9月29日，丽水市首个共享变电站——彩虹110千伏输变电工程顺利建成投产。丽水电网的建设速度获得了浙江晶睿电子科技有限公司负责人的肯定：“对于我们企业来说，赢得时间就赢得了市场，供电公司不仅帮我们解了燃眉之急，还帮我们节省了资金。”

以特高压、超高压为骨干网架的建成，改变了丽水的用电格局，在能源上实现互联互通，资源配置得到全面优化，能源利用效率进一步提升。

优服务，百姓生活节节高

穿红军装、挎红军包、喝红军茶、吃红军饭……近年来，每逢假期，很多家长都会带着孩子去遂昌王村口镇重温革命先烈走过的艰难岁月。2021年，全镇共接待游客约20.9万人次，实现旅游收入约2600万元。红色教育项目带火了农家乐、民宿，也带动了该村竹笋、笋干、竹材等特色产品的发展。

运维人员开展特高压线路综合检修工作

村里产业多了，用电量也大了，村民们却不担心用电的事。近年来，丽水全面提升配网水平，完成精品台区和美丽乡村示范区建设，优化配变台区布局，有效整治小城镇、农村的电网安全隐患，农村用电水平和质量全面提升，改造区域内农村供电可靠率达99.9688%。

随着用电变得更加可靠，村民月均用电量也翻了一番。

缙云县仁岸村村民何景华见证了用电的巨大变化。“过去电力不足，大电器用不了，用电饭煲煮饭经常是夹生饭，而现在电压很稳，各种电器都可以放心使用。”何景华说，在充足的电力保障下，他们家办起了民宿，开起了超市，日子越过越红火。

电网发展也带动产业兴旺，多个特色乡村产业发展势头强劲，“一乡一业”“一村一品”的乡村产业发展格局正在形成，释放出巨大的用电潜能。

近年来，丽水市培育了茶叶、食用菌、高效笋竹林这3个百亿（元）

级产业，建成省级以上现代农业产业园15个，荣获“中国美丽乡村建设示范地区”称号。自推进乡村振兴以来，国网丽水供电公司大力推进实施农村电网巩固提升工程，总投资约7.5亿元，新建及改造10千伏线路1216千米、低压线路228千米，新增配变310台、总容量10.64万千伏安。

随着电网的改造升级，莲都河边村、云和梅源村、松阳陈家铺村等村庄都从曾经的贫困村变身为“网红民宿村”，下南山度假村仅2022年上半年就迎来游客约30万人次，村集体增收100余万元。

曾经，村里年轻人都选择外出打工。现如今，大家都带着乡村振兴梦回到村里参与建设，也把先进的思想和理念带回了农村，“乡愁”与“现代”在丽水乡村并存。

曾经，智能手机还是稀罕物，网上缴电费的人也是少之又少，为办理用电业务而跑几次供电营业厅更是常规操作。现如今，动动手指就能缴上电费，用电业务办理也可以“刷脸”完成。

丽水城市发展日新月异，电力服务也在不断提档升级。2017年以来，为优化营商环境，以数字化改革助力推进“零跑”服务，国网丽水供电公司大力推广网上国网App、浙江政务服务网、“浙里办”等线上办电渠道，推动客户办电全流程线上化。该公司还创新推出丽水市政府“花园码”办电服务模式，推动政企信息融合共享，实现“线上收资”“码上办电”，全面推进丽水“无证明城市”创建工作，让客户办事像网购一样方便。“阳光业扩”服务深入推广，高压、低压业扩服务时长分别从38.45天、7.98天缩减至25.33天、2.59天。

从“刷脸”办电到停电“零感知”，从跨区“手拉手”供电到老旧小区台区改造有序推进，丽水人民的用电获得感持续增强，并且正变得越来越强。

绘蓝图，绿色发展向未来

夏日的白鹤山，草木葱茏，一排排蓝色光伏板沐浴着阳光。远处，一台台风力发电机迎风矗立，白色的叶片随风转动，向千家万户输送绿色电能……

绿色生态是丽水最大的财富、最大的优势、最大的品牌。

国网丽水供电公司牢固树立绿色发展理念，以加快构建清洁低碳、安全高效的能源体系为己任，着力建设新型电力系统，推进能源转型，服务“双碳”目标，助力打造“美丽丽水”。

2012年，丽水境内接入水电站819座，总装机容量256.17万千瓦。至2021年，丽水发电机组装机容量增长至369.1万千瓦，增长44.08%，其中光伏、风电、生物质等新能源更是从无到有，实现了丽水能源发电领域的全面开花。

浙江丽水通过“农光互补”模式，力求取得绿水青山和光伏发电双赢

新能源发电具有随机性、间歇性、波动性，这也就带来了能源消纳的难题。为此，国网丽水供电公司持续推进新型电力系统建设，逐步适应高占比的新能源接入，积极探索解题思路，推进“源网荷储”一体化项目开发建设。该项目将水、光、风等多种能源汇集在一起，通过系统来调节多种能源，一方面可以减少弃水、弃光、弃风，实现削峰填谷、多能互补，另一方面则能充分释放电网弹性空间，优化补强山区网架。项目建成后，预计年均新增清洁能源发电量2.15亿千瓦时，发电量折合减少标准煤耗9.87万吨/年，减少二氧化碳排放23.57万吨/年，相当于同等二氧化碳减排的造林面积24.84万亩。

2020年8月，装机容量180万千瓦的缙云抽水蓄能电站主体工程开工建设，建成后将进一步提高丽水电网削峰填谷、调频调相能力，在保障电网安全稳定运行、增强系统运行灵活性、提升可再生能源消纳能力等方面发挥重要作用。

在能源消费领域，丽水绿色转型也在加速。国网丽水供电公司加快推进“供电服务”向“供电＋能效服务”转型，通过定期开展大客户走访，了解客户用电需求、负荷需求响应、综合能源需求等，开展用户侧电气化数据分析挖掘，为用户智慧能源服务业务提供技术支持，助力企业降本增效。同时，该公司探索“一码一库一指数”能效服务新思路，深化“碳效码”应用，构建企业能效潜力库和能效发展指数。

丽水欧科人造板有限责任公司就是其中的受益者。2022年3月，国网丽水市莲都区供电公司员工在走访时发现该公司使用燃煤锅炉进行生产作业，便第一时间对接客户需求，为客户量身定制能耗低、热效率高的电锅炉替代方案，助力企业改造升级。经测算，煤改电正式投运后，企业生产成本预计减少10%，年利润可提升5%，年替代电量增加200万千瓦时。公司负责人叶先生高兴地说：“这不仅节省了成本，还省去了原来的锅炉年审、锅炉维护等麻烦事，也不用清理煤渣了。”

“电能替代”在丽水已日益深入人心，电炒茶、电烘干、电窑炉等技术在推动产业能源升级的同时，也在推动着社会各界共同构建更安全、更高效、更清洁、更低碳的能源消费体系。

电动汽车逐渐进入寻常百姓家，2021年，国网丽水供电公司电动汽车年充电量达3107.58万千瓦时。更加绿色清洁的出行方式，为现代生活注入了新风尚、新气息。

厨房里的绿色革命也在继续。庆元县竹口镇黄坛村村民林赛华说：“以前，我们冬季取暖和厨房做饭都用煤或柴，一烧火就浓烟滚滚。现在，我们换上了电取暖设备和全电厨房，又方便又干净。村里这么多农家乐同时开灶做饭，也看不见一点儿黑烟。”

从工业到农业，从交通到厨房，绿色用电、高效用电深入人心，清洁能源在终端能源消费中的比重稳步提升。如今的处州大地，天更蓝、山更绿、水更清，处处皆是美丽风景。

（洪瑜阳）

乡村中那些有味道的氢能源

冬季的寒意难掩缙云麻鸭生意的红火。走进当地最大的麻鸭养殖场，养殖人员正忙着收集鸭笼里的鸭蛋，鸭粪则通过视觉、味觉刷着更强烈的存在感。

“老杨，鸭粪收拾完了，准备运到哪块田里处理?”养殖场工作人员与往常一样询问负责人杨进利。

“不运到田里，现在这是宝贝了，能换不少钱的，这是我新开创的副业。还有那一堆，全部铲上。”杨进利看着一脸诧异的工作人员，自信地说道。

丽水缙云水光氢生物质近零碳示范工程

正如他所说，随着丽水缙云水光氢生物质近零碳示范工程启动投运，这一“有味”的乡村原料，将被运送至工程基地，与绿氢发生化学反应，继而变废为宝。

丽水缙云水光氢生物质近零碳示范工程是国网浙江电力着力推进的全省四大氢电耦合示范项目之一，也是国内首个基于乡村场景的水—光—氢生物质综合利用示范工程。

缙云县地处浙西南山区，丰富的水、光资源为绿氢生产提供了得天独厚的条件。同时，缙云是中国“茭白之乡”“麻鸭之乡”，茭白和麻鸭在当地有着独特的共生模式。每年农牧业产生的大量废弃物，可作为丰富的沼气原料，为氢气与二氧化碳的甲烷化技术提供验证的可能性。

丽水缙云水光氢生物质近零碳示范工程构建了“绿电—绿氢—生物质”等多种绿色能源一体化综合系统，采用质子交换膜技术，将当地富余的水电、光伏等可再生能源作为“电源”制备绿氢。而生成的氢气，一部分供交通和工业使用，另一部分则通过全国首台甲烷化装置将农牧废弃物发酵产生的沼气提纯制成生物质天然气，再输送给周边用户，为乡村提供清洁能源，实现农村生物质资源循环利用。

无独有偶，新建镇茭白种植大户樊越旺也享受到了工程的福利。“以前我家的茭白秸秆都是丢在田里烧灰或任其烂掉，现在有人来回收，不仅增加了一笔收入，周边环境还好了，对我们来说是件实实在在的好事。”樊越旺高兴地说。

工程投运后，废弃的茭白秸秆、成堆的鸭粪都将被重新利用，既可减少因焚烧和腐烂产生的污染，又能美化乡村风貌，还为当地茭农、鸭农提供了致富新路径。

此外，缙云乡村主要用能为电和煤气。相较于煤气，生物质天然气更安全、更经济。基地食堂率先用上了生物质天然气，电和天然气相结合的用能模式大大降低了经营成本。未来，工程生成的生物质天然气将输送至周边用户，满足乡村高效、清洁用能需求，进一步降低农民的用能成本，同时解决氢气难以存储和直接利用的难题。

“绿电—绿氢—生物质”供能模式让村民用上高效清洁电，点上低成本天然气，走上共同富裕与绿水青山相得益彰之路。

作为全国首个乡村生态氢能示范工程，其探索形成的一套方案，将富余清洁能源就地消纳，促进农村生物质循环利用，为同样具有丰富新能源和生物质资源的其他乡村提供了示范样本，一张乡村生态综合供能的“零碳”跃变发展蓝图，正在徐徐铺开。

（李林儒　陈春妤）

乡愁有归处，他们让老屋重现灯火

一口古井、一棵老树、一方庭院，青瓦、灰窗、黄泥墙。

这是阙思良记忆里的老屋。

10年前，阙思良大学毕业后留在杭州工作，在杭州结婚生子，父母也跟着他搬到了杭州生活。家乡的老屋，则是被遗忘在山野乡间，逐渐破败……

2020年春节，阙思良接到童年玩伴华卫新的电话，得知松阳正在实施“老屋拯救”行动，他决定带着母亲回石仓老家看看。

从一条窄小的山路荡上峰岭，穿越四合山壁，转过几十道弯，便进入大东坝镇石仓片。阙思良看到村里的许多老屋正在热火朝天地进行修缮，并按照修旧如旧的原则，古民居的基本要素都被保留了下来。

“这个修缮费用一半由中国文物保护基金会补贴，20%由政府补贴，剩余的自己承担。”华卫新在修缮现场向阙思良介绍。华卫新现在是国网松阳县供电公司小港供电所的一名员工，也是松阳县古建筑电力指导员。

2013年，一场大火烧毁了石仓片下包村的一大幢古民居，还烧毁了里面存放200多年的文物，损失惨重。

“老屋建筑大多以土木结构为主，电线老化问题比较严重，加上防火设施差、村民防火意识又比较淡薄，容易发生火灾。电力线路改造也是老屋修缮中的重要一环。”华卫新说。目睹了一座座雕刻精美的艺术品化作废墟，身为客家人的他非常痛心。

为避免因线路老化导致火灾，华卫新走遍了石仓区域的古民居，为28

供电公司员工在石仓对由老屋改造而成的民宿进行用电安全检查

幢清代古建筑重新设计了室内线路，并把一叠线路设计图纸交给松阳县博物馆。

如今，华卫新所在的国网松阳县供电公司通过试点先行，形成了一套可以复制的“老屋拯救”供电整体改造“6个建设标准+3个建议方案”松阳模式。同时，该公司将全县古建筑分布清单登记在“电力阳光服务便民图”中，详细记录着古建筑名称、年份、面积和线路情况，为每幢古建筑都配置了“电力指导员”，进行“一对一”服务。

截至目前，18个实现标准改造的传统村落，287幢完成线路整治的老屋，未发生一起因内部线路导致的火灾事件，解决了一直困扰政府的难题。同时，国网松阳县供电公司还科学规划建设方案，从电缆管道走向到进户线表箱都进行精心设计，让电力元素融入美丽乡村建设，古今融合、宜景宜情。

断壁残垣的老屋，经拯救后活了过来，传统村落也就此展现出新的生机。修好的老屋，植入民宿、书吧、博物馆等业态，带动乡村产业发展，成为生态价值转换的对象。

接下来的几天，华卫新带着阙思良在周围村子转了转。当车辆驶入绿水青山间蜿蜒的道路中，一辆辆挂着沪A、浙A、浙C车牌的小轿车、旅游中巴车不断驶进驶出，让这沉寂的小山村平添了一分热闹。“现在，我们农村越来越漂亮，来旅游的人络绎不绝，许多年轻人都回来办起了民宿和农家乐，日子过得可红火了。”华卫新看着来往的游客说道，“你大伯的儿子，前年不就回来开了一家民宿嘛，听说收益还不错咧。”

近年来，松阳县60%以上的行政村都植入了研学教育、民宿经济和文创等新业态，“老屋＋工坊”“老屋＋民宿”“老屋＋工作室”正在助力推动乡村振兴和共同富裕实践。截至2021年12月底，全县共有农家乐、民宿561家，全年累计接待游客超过120万人次，营业总收入15亿元。

今天的松阳，正吸引着各地游客纷至沓来，这座山区小县城愈发成为山区高质量绿色发展的新支点。

（廖　敏　洪瑜阳）

第四章

沧海明珠

CANGHAI MINGZHU

将位于东海之滨的甬台温舟“串珠成链”，你会发现，这里的人们拥有相同的特质：开放，包容，创新，富有开拓精神。这些年，国网浙江电力贯彻落实国家发展海洋经济，保护海洋生态环境，加快建设海洋强国的决策部署，逐浪前行，配合地方政府做好海洋文章（“一环、一城、四带、多联”），激活了浙东南发展的原动力。座座铁塔，条条银线，港口岸电，陆缆入海……幸福与美好，光明和希望，融进沿海人民的日常生活，指引着他们从“浙”里走向更美好的明天。

向“蓝”而生 “甬”攀高峰

在中国东南沿海，一座东方港城巍然屹立，这里汇集了近300条集装箱航线，连通着200多个国家和地区的经贸往来，平均每一秒钟，就有一只集装箱在此进出。这里，便是宁波，寓意“海定则波宁”。

宁波简称“甬”，是我国东南沿海重要的港口城市和长三角南翼经济中心，国家15个副省级城市之一，5个计划单列市之一，陆地总面积9816平方千米，常住人口954万。这里是7000年河姆渡文明的发祥地，“海上丝绸之路”始发港之一，“宁波帮”享誉海内外，天一阁是中国现存最早的私家藏书楼，王守仁开创的“阳明学派”影响深远。

宁波也是我国改革开放的前沿、浙江省“双城记”发展格局中的重要一极，是观察“浙江之窗”、感悟“中国之治”的重要一域。当下，宁波正以“到大海里游泳”的豪迈气魄，奋力书写“两个先行”新篇章，在高质量发展中加快建设现代化滨海大都市。这其中，电力是重要支撑，绿色是最美底色。

近年来，国网宁波供电公司深入贯彻新发展理念，深入践行“人民电业为人民”宗旨，扎实推进数字化牵引新型电力系统建设，以数字化赋能电网发展效能提升，以优质服务助力经济社会高质量发展，为美好生活充电，为美丽中国赋能，努力让宁波人的美丽生活更加幸福、低碳。

数智“牵引”先行，新型电力系统助力高质量发展

宁波电网是浙江省用电量最大的地区电网，能源资源“南富北贫”，负荷“北多南少”，呈逆向分布，面临能源电力安全保障和低碳转型发展的双重压力。把底子打扎实，是解决难题的第一步。

在余姚凤山街道东部，各式建筑模块正在大型机具的操作下，像搭积木一样铆合拼装，往日喧嚣的工地异常整洁。

这是全国首座UHPC“近零碳”110千伏双河变电站的施工现场。2022年9月29日，双河变投运。UHPC中文全称为“超高性能混凝土”，其强度超过普通混凝土的10倍，能实现“自愈”功能，可节约建筑钢筋30%，缩短工期50%，降低碳排放量800吨。双河变只是宁波电网科技赋能、跨越发展的一个缩影。

宁波新能源装机总量443.1万千瓦，较2012年前增长34倍。其中风电装机总量68.62万千瓦，规模居全省第一；光伏装机总量343万千瓦，规模居全省第二。新能源装机容量已占春秋季电网正常负荷的21%。

宁波电网现有110千伏及以上变电站337座，变电容量5795万千伏安，相当于2012年3334万千伏安的1.74倍。变电线路长度11564千米，相当于2012年8716千米的1.33倍，建成“东西互供、南北互济”的500千伏双环网和“分片成环、互有联络”的220千伏主干网架结构。

近年来，一项项精品工程拔地而起，220千伏霞客变、崇寿变、昆亭变、协丰变获浙江省建设工程“钱江杯”，220千伏昆亭变获国家电网公司优质工程金奖，500千伏宁海电厂改接至明州变工程、500千伏与舟山联网输变电工程获国家优质工程奖。

配电网网架与自动化建设并驾齐驱，配电线路自动化覆盖率达到100%，电缆线路馈线自动化FA投运率达到100%，全市供电可靠率达到99.9928%。

从过去的布点、抢建转变到网架优化、电网补强、动态增容，电网建设从单纯的“建设”向区域网架结构深层次“优化”转型。

宁波民营经济发达，实体经济活跃，用电需求多样。打造多元融合高弹性电网，进而以数字化牵引新型电力系统建设，是系统性解决宁波用能用电问题的核心关键。

在北仑双狮村，溪水穿村而过，清澈见底。花木、民宿、茶叶是村民的支柱产业。

“炒茶是我一年三季都在做的，从春季的‘乌牛早’，之后的白茶，到现在秋季炒红茶，最大的感受就是目前的电能供应完全保障了我们的生产需要。”宁波孟君茶叶有限公司老板鲁孟君说，往年在制茶高峰期，有时会动力不足，杀青机和其他机器不能同时开。

让茶农用电无忧的，是2021年4月投运的全国首套0.4千伏柔性直流互联系统，它把双狮村三个公变的低压供电网络连在一起，实现台区间容量互动和共享。这里还建有国家电网首个配网台区智能融合终端参与智能双向互动的V2G充电站。通过V2G充电站谷时充、峰时放，一天下来，一辆电动汽车除了可以给车主带来收益，还能促进电网削峰填谷。

“数”“智”探索，从未停步。国网宁波供电公司实施“电网智能化工程”，通过技术革新、体制变革、示范工程引领，实现电网设备管理高效化、智能化、数字化转型，以更智慧、更高效、更便捷的电网服务助力宁波高质量发展，为“数字宁波”赋能。

在前湾人机协同智能巡检示范区，无人机正沿着自主航线进行设备巡视。“前湾地区不仅线路密集，而且距离市区最远，驱车至少1小时。”说起原先的线路运维工作，输电人员潘宏伟无奈地摇摇头。而现在，他只要盯着屏幕就能第一时间获知现场情况，输电线路应急处置效率提升50%，人员成本降低80%，输电人员“坐着”干活比“跑着”快。

“泛三江”智慧电缆集群示范区，以“立体巡检+集中监控”覆盖地处宁波城市核心位置的整个环三江片区，打通地下电力智慧大动脉；国内首条基于量子加密无线通信的全自动FA架空线路10千伏横山线，突破了架空线路智能开关远程控制安全瓶颈。

甬电智慧大脑依托宁波能源大数据中心平台和数据资源，上线“碳锁”“环保鹰眼”“空调热力图”等35款电力大数据产品，呈现电力数据“一张图”，深度挖掘电力数据共享的潜在价值，为政府经济决策、企业能效提升和社会民生改善持续发挥电力数据价值。

2022年夏季，浙江面临极端高温、极少降雨、高电力负荷叠加的严峻态势。面对挑战，国网宁波供电公司以“保电力就是保经济、保民生”为

国网宁波供电公司运维人员在变电站利用无人机、机器人等开展立体式智能巡检

重任，围绕数字化牵引新型电力系统建设，通过电源挖潜增效、负荷移峰填谷等手段，确保用足用好每一度电。同时，实施“智慧通信调度工程”，把握智慧调度、经济调度方向，让电网运行更加从容。

服务“用心”先行，打通惠民惠企“最后一公里”

最好的电力服务，是让用户“无感”。国网宁波供电公司持续优化电力营商环境，持续优化惠民惠企举措，用心用情提供优质电力服务，满足人们的用电需求和对美好生活的向往。

近年来，宁波城乡居民生活用电快速增长。2021年，城乡居民用电量达114.49亿千瓦时，比2012年增长95.43%；人均生活用电量达1201千瓦时，比全国人均生活用电量高约44.18%。

国网宁波供电公司锚定国际一流电力营商环境，围绕专业协同、流程优化、物资保障等，重构办电服务体系。全区域低压供电容量提升至160万千瓦，业扩办电环节减少60%，高压、低压业扩全流程平均时长分别压减至29.97天、3.16天。

围绕“最多跑一次”，更要“一次都不跑”，让线上办、指尖办、刷脸办成为现实，宁波电力客户线上办电率、线上缴费比例分别达到99.67%、90.13%。宁波地区44家供电营业厅，全部实现56项公共服务事项业务联办。

“一次都不跑”的底气来自国网宁波供电公司打造的“云服务”全新营销服务模式。“甬电小云”智能机器人已进驻4539个城乡居民小区微信群，24小时在线，具备“机器人智能答复”“人工客服远程处理”“故障抢修实时派单”等功能，实现客户诉求“秒级”响应。

在2021年度浙江省营商环境评价中，宁波市在“获得电力”指标得分上全省最优。“获得感”不仅来自普通百姓，还有锻造宁波“硬核”的实体经济。

截至2022年6月底，宁波规上工业企业实现工业总产值11974亿元，工业能源消费在全社会能源消费总量的占比超过70%，提升工业企业的能源利用效率成为产业高质量发展的必答题。

坐落于北仑灵峰工业园区的宁波旭升汽车技术股份有限公司于2022年3月创建成为国家级绿色工厂。企业电气负责人王博谈道：“非常感谢供电公司提供绿色工厂能效服务，为旭升投资建设了3.6兆瓦光伏发电系统、1.4兆瓦磷酸铁锂电池储能系统，完成了10台空压机余热回收改造。公司每年可节约电费500余万元，减少6367.5吨二氧化碳排放。”

从旭升公司推广到北仑灵峰“零碳演进”综合园区样板，国网宁波供电公司正以数字化牵引推进数智新型电力系统园区级示范建设，探索宁波市用能用电问题的系统性解决方案。

企业低碳发展还需要提升碳管理和应对碳风险能力。2022年6月1日，全国首个碳资信评价体系在宁波启动试点。在宁波市生态环境局的指导下，国网宁波供电公司率先搭建“碳资信”平台，为中小企业获得低息绿色贷款提供碳知识普及、碳制度建设等服务，降低企业融资成本20%以上。

无论是“有灵气、有活力”的宁波中小企业，还是奔向共同富裕的浙东老乡，“绿水青山就是金山银山”理念，早已深入人心。

在海曙龙观乡李岙村，一座座联排别墅林立路边，光伏板铺满屋顶，门前屋后花草葱郁。

村支书洪国年拿起在智慧光伏座椅上无线充电的手机，热情地介绍：“这屋顶防水、隔热、降温，还能赚钱呢。”抬眼望去，小洋房的屋顶——深蓝色的光伏板替代传统瓦片，在阳光下熠熠生辉。这些联排小洋房，不仅让村民得到了安居的保障，更藏着老百姓的共富密码。

国网宁波供电公司工作人员检查余姚三七镇茶园用电设备

党旗“引领”先行，文化内生驱动高质量发展

党的二十大报告指出，坚持和加强党的全面领导，坚持中国特色社会主义道路，坚持以人民为中心的发展思想，坚持深化改革开放，坚持发扬斗争精神。国网宁波供电公司党委持续深入学习习近平新时代中国特色社会主义思想，以学习贯彻党的二十大精神为强大动力，凝聚红色合力，驱动红色引擎，引领企业行稳致远。

在宁海桥头胡供电所党支部活动室里，党员们正聚精会神地聆听营销副总崔航凯的党课。“既有专业干货，又有文化内涵、思政元素，这样的课请再来一打！”这是国网宁波供电公司党委送党课进支部，扎实提升“三会一课”质效，打牢基层基础的一个缩影。

近年来，公司党委深挖“党委坚强、支部管用、党员合格”党建生态内涵，深化“红船精神、电力传承”特色实践，培育“和心合力、争先领先”文化内涵，将党建势能不断转化成企业跨越发展的价值动能。

党的十八大以来，国网宁波供电公司党组织数量从126个增加到206个，党员队伍从1915人发展壮大到3650人，获省部级及以上先进个人荣誉的人数从7人增加到33人。基层组织全面加强，先进典型熠熠生辉，党建基础越夯越实。

党建基础是根本，公司党委毫不松懈地抓基层打基础，对照基层党组织标准化建设要求，梳理“两表两单”，滚动修编“1＋N”支部建设口袋书；把“支部建在连上”，在重点工程、重要项目同步设立党组织，成立功能型党支部，确保“一个都不少”；常态化落实“三亮三比”“三带三无”机制，党员身边“无违章、无违诺、无违纪”，时时处处在闭环；推出“我的支部生活”系列微视频，建立基层党建激励机制，制定五大类激励标准，细化27项细则，夯实支部建设抓手。

“口袋书中的指引为我们如何做好党务工作提供了一个非常好的参照，会前怎么准备、会中该做什么、会后如何闭环，一清二楚，就像导航，很方便。”鄞州五乡供电所党支部书记童建东翻开一本红色封面的口袋书，如数家珍，“就拿最基本的‘三会一课’来说，动作做到位，有了保障，也就有了抓创新、促实效的底气。”

国网宁波供电公司党委聚焦党建专业数字化转型，围绕供电所10项核心指标，首创供电所党建价值创造“五色地图”，以“四象限分析法”指导基层党建工作精准施策。2022年，“五色地图”应用拓展至基建、产业、运检三个业务板块；率先提出“党建＋”“＋党建”双向融入模式，出台“党建＋优化营商环境”“党建＋数字化”等12项“党建＋”举措，构建安监、运检、营销、基建、营配五大专业“＋党建”体系；创新实施“书记项目”，86名书记（委员）揭榜挂帅，丰富“书记责任田”“双创双争”等特色载体。

2022年5月，钱海军被中宣部授予“时代楷模”称号，成为国家电网公司唯一的“中华慈善楷模”和“时代楷模”双楷模。从全国重大先进典型江小金，到“时代楷模”钱海军，身边榜样的力量是最直观的。国网宁波供电公司党委高度重视典型选树工作，发挥榜样辐射作用，激发员工荣誉感，使正能量充满整个企业。“全国劳动模范”张锡波、“全国三八红旗手”张亚芬、“浙江省道德模范”张霁明、“全国学习雷锋、志愿服务先进集体”小草服务队等一批批立得住、叫得响的先进人物和团队竞相涌现，见贤思齐、争当先进已然成风。

从东海的海上风电，到龙观乡的“光伏村”，从四明山顶的迢迢银线，到家门口的小小充电桩，这一幕幕的蝶变，记录着每一位宁波人用电用能的变化，共同组成了宁波电力生生不息的美丽画卷。这画卷里，浓缩着每一位电力人奋斗的脚步，记录着宁波电力发展的铿锵脉动，篆刻着宁波这座城市发展的能源印记。

（吴哲彬　唐瑾瑾　单宋佳）

用脚步丈量大山，做傈僳族同胞的“守灯人”

2022年9月14日下午，烈日当空。应云南省怒江傈僳族自治州泸水市政协邀请，“时代楷模”钱海军到泸水市开展“千户万灯”公益项目，从古登乡马垮底村委会出发，前往位于该村自庆组的村民家中进行改造和走访。

这里到处都是绵延的群山，有些地方看着直线距离并不远，但要抵达颇费功夫，而且从村委会到自庆组的道路未经硬化，受气候和自然地理环境的影响，路面并不平坦，汽车只能往上跑一小段路，剩下的路就得依靠人的脚力。

为了将“千户万灯”改造所需的物料运送上山，马垮底村委会工作人员主动帮忙协调了几辆摩托车以运输物资，钱海军则在泸水市政协以及古登乡、马垮底村相关领导和工作人员的陪同下，带着志愿者步行上山。

通往自庆组的山路基本处于爬坡的状态，坡度足有五六十度。

山陡路峭，为了安全起见，摩托车驾驶员们将改造物资运到山腰处后，由志愿者手提肩扛，向着目的地进发。

道路两旁，玉米和丝瓜都是寻常物，却没有绿树浓荫，太阳直直地照在人身上，不一会儿就将人晒出一身汗来。走得累了，他们稍微歇上几分钟，然后继续出发。

太阳火辣辣的，将手臂、脖子、鼻子晒出道道红印，钱海军的兴致却很高，因为这样走到村民家里去，为此地百姓的安全用电、幸福生活贡献自己的一份力量，有效衔接乡村振兴，他觉得非常开心，哪怕爬再陡的坡、走再多的路，也不觉得累。

这个世界上，没有比脚更长的路，也没有比人更高的山。就这样，经过2个小时的“跋涉”，他们来到了傈僳族村民腊翁波的家里。

腊翁波家里有3分水田、6亩山地，主要种植玉米、核桃、辣椒和豆类等作物，还养着4头猪、15只鸡。他有两个儿子，其中一个儿子5年前已经去世，儿媳改嫁后，老两口与6岁的孙子共同生活在一起，可以说家里非常缺乏劳动力。平时除了地里的农活，他也会去附近的地方打些零工，贴补家用。

2020年，在泸水市政协及地方各级部门的助推下，腊翁波一家实现了脱贫，也添置了不少家用电器，现在房间里电视机、电磁炉、烧水器等各种电器应有尽有，但由于缺乏安全用电意识，房间里的电线存在线路老、线径小的问题，用的插线板更是早已被国家淘汰了的，存在严重的安全隐

应云南省怒江傈僳族自治州泸水市政协邀请，“时代楷模”钱海军携“千户万灯”项目入滇，巩固脱贫攻坚成果

患，极易引起火灾。

看到这些，钱海军更加坚定了通过“千户万灯”助推马垮底村人居环境提升的决心，他与泸水市相关部门一起，以实际行动为“脱贫只是第一步，更好的日子在后头”做注脚。

拆线、接线、放线，安装空气开关……他们进屋之后，就忙碌开了。

时间一点一滴流逝，不知不觉已到了17时20分，志愿者仍埋首其中，认真地改着，还借助政协工作人员的翻译，向腊翁波一家科普起了安全用电方面的知识。

“既然看见了，就要把它改造好，完善好。”钱海军表示，不管多晚，也要让腊翁波一家把电磁炉等电器安全地用起来。

钱海军等人在进行室内照明线路改造的时候，有两个年轻的傈僳族小伙先是远远地看着，继而又走近了些，眉眼间充满了向往。

原来，马垮底村虽配有一名电工，但受限于地形等原因，村民家中遇到用电方面的难题时，电工很难第一时间赶到，村民只能自己应急处理。“要是自己也会修电路多好！”怀着这样的初衷，打从钱海军志愿服务中心来到自庆组实施“千户万灯”改造以来，他们一直跟在后头，想要学习一些电力知识和操作技能。得知他们有这方面的意愿，钱海军就收了他俩当徒弟。

经过4个多小时的努力，改造完成。看着屋里整齐规范的线路，腊翁波和老伴不约而同地竖起了大拇指：“屋里变了样，用电更安全了，谢谢你们！”

从腊翁波家里出来，天色已经由明转暗。钱海军等人又顺着蜿蜒的山路走访了村民二中华家，为后面的改造提前做好排摸。待他们下山时，天色已经彻底黑了下来。

志愿者拿出手机，照着脚下的路，远处星光点点，一如他们心里的光明，又似他们脚下的行动。

（潘玉毅）

从“0”的突破到“70万吨”——绿色升级的申洲答卷

70万吨，这是宁波申洲国际集团控股有限公司一年的减碳成绩。从“0”的突破到“70万吨”，这是国网宁波市北仑区供电公司与申洲集团共同提交的一份绿色发展的答卷。

惊讶于这份成绩的还有申洲集团可持续发展部副部长何凯：“年减排达到了70万吨，这个数据放在10年前是不可想象的。”从宁波市第一家企业屋顶分布式光伏的建设者，到浙江省首笔绿电交易的参与者、受益者，申洲集团始终走在能源利用探索的前沿。从优到强，走向国际舞台的申洲集团拓开了一条能源高效利用的绿色之路。

在这里，国网宁波市北仑区供电公司最早为企业出具了削峰填谷的节能“金点子”，让申洲集团不仅完美完成重大生产任务，还响应了有序用电的政策措施：让电于民。

时间回到2008年，申洲集团承担了北京奥运会颁奖礼服的生产任务。由于礼服只能在确定决赛名单后开始制作，并被紧急空运到北京，而夏季用电负荷较高，国网宁波市北仑区供电公司建议申洲集团调整员工作息时间，充分利用11时至13时的用电低谷时段，开足机器生产。最终，申洲集团圆满完成了奥运礼服生产这一艰巨而光荣的生产任务。

“可以说这是最早的削峰填谷雏形。”回忆起当年的情景，申洲集团电气负责人周援挺说，这一模式也让申洲集团在接下来的几年中顺利渡过夏季用电的高峰期。

2014年4月，申洲集团第一个2.25兆瓦屋顶分布式光伏发电站正式开建，这也是宁波首个企业屋顶分布式光伏发电站。同年9月，申洲集团建成北仑区首个按照“度电补贴”模式、采取市场化运营的企业屋顶分布式光伏发电站。

早期的分布式光伏发电经历过“设备补贴”“度电补贴”两种不同的政策扶持方式。“度电补贴”使补贴实实在在落到了节能之上，更利于分布式光伏发电的长久发展。

新能源的发展，也伴随着国网宁波市北仑区供电公司服务机构的变革。

2018年，在综合能源服务方兴未艾之时，国网宁波市北仑区供电公司设立了综合能源服务北仑事业部，保障综合能源业务发展。2019年，国网宁波市北仑区供电公司开始探索县级供电企业市场化转型，形成现代能源服务体系。同年，该公司与申洲集团达成协议，共同推进绿色能源、清洁

国网宁波市北仑区供电公司为宁波申洲国际集团控股有限公司分布式光伏相关设备开展现场巡查

能源的利用，节能减排，实现企业低碳、高效发展。

2020年，申洲集团提出了2030年减碳42%的目标。国网宁波供电公司与申洲集团签订了战略合作协议，在新能源开发利用、生产能效提升、电力市场机制三方面推进企业清洁低碳发展。

两年以来，申洲集团的综合能耗由20.2万吨标准煤降低至16.8万吨标准煤，累计降低16.8%，产值由191亿元增加至311亿元，企业的单位综合能耗降低近50%。

目前，申洲集团已经建成了集光伏、储能、空压机余热回收、数字监测于一体的综合能源利用体系，始终处于行业能源利用的前列。

（石瑞敏　俞功瑾）

“风”起浙南 “百舸”争流

东海之滨，灯火璀璨。勇立潮头，踏浪先行。

温州，地处浙江东南部，东濒东海，南接福建，是我国东南沿海重要的商贸城市。全市下辖4个市辖区、5个县，代管3个县级市，常住人口957万，陆地面积12110平方千米，海岸线总长1293千米，海域面积8649平方千米。

温州是国家历史文化名城，素有“东南山水甲天下”之美誉。“七山二水一分田”，是对温州地理地貌的形象概括。独特的地理资源环境和2000多年的历史积淀，让温州集海洋文化、中原文化、山地文化之大成，塑造了以农商文明与事功哲学为特征的瓯越文化，形成了“百工之城”“南戏故里”“曲艺之乡”“中国数学家摇篮”的特色，也形成了“温州模式”和温州人“敢为天下先”的文化基因。

“续写创新史”，这是习近平总书记寄予温州的深切嘱托。

温州牢记嘱托，坚定不移地深入贯彻新发展理念，全力推动经济大市向经济强市、创业之都向创新之城、基本小康向全面小康迭代升级。在温州不断推进制度创新、科技创新、文化创新，争创社会主义现代化先行市的蓝图指引下，国网温州供电公司深入践行“人民电业为人民”宗旨，秉承“实干担当、敢为天下先”的温电精神，打造坚强可靠电网，推动绿色发展转型。

国网温州供电公司始终遵循“宁肯电等发展，不要发展等电”等重要指示精神，始终坚持在温州经济社会发展大局中，思考谋划推进能源电力超前发展，扎实推进数字化牵引新型电力系统建设，以数字化赋能电网发展效能提升，以优质服务助力经济社会高质量发展，为美好生活充电，为美丽中国赋能。

多年来，国网温州供电公司坚定发展、电网规模实现新跨越。全社会最高用电负荷突破千万千瓦，全社会用电量突破500亿千瓦时；基本建成以500千伏超高压为核心、220千伏双环网为骨干的坚强主网架，实现县域220千伏变电站全覆盖，建成南麂岛联网工程，彻底结束浙江建制镇的电力“孤网”历史。在“碳达峰、碳中和”目标引领下，大量清洁能源项目在温州落地，千万千瓦级自适应新型电力系统建设在全速推进。

多年来，国网温州供电公司服务大局，竭诚为民，展现新担当。推动温州能源转型，清洁能源实现电网全接入、全消纳；推广电能替代和综合能源服务，赋能美丽温州；持续开展电力营商环境优化提升行动，电力“最多跑一次”改革走深走实，客户获得电力水平逐年显著提升；推广“乡村振兴电力指数”，打造与现代农业、美丽宜居乡村、乡村产业融合相适应的新型乡村电网，为乡村振兴插上电力翅膀……

多年来，国网温州供电公司以党建为引领，企业管理开创新局面。深入实施“六大红色工程”，从严治党责任体系率先构建，风清气正的政治生态、风生水起的发展生态活力彰显。加速推进转型变革，优化组织机构，调整设立鹿城、瓯海、龙湾供电分公司，构建“1341”体系，推进龙港体制机制创新。28支红船共产党员服务队、3595名党员在历次抗击台风行动中奋勇争先，冲锋在前，在疫情防控、新中国成立70周年、建党100周年等保电任务中坚守一线。国网温州供电公司获得全国五一劳动奖状、全国模范职工之家、全国五四红旗团委等荣誉。

发展新型电网　助推“经济转型”

2022年3月，装机容量120万千瓦的泰顺抽水蓄能电站项目在司前畲族镇开工，这标志着温州将拥有一座巨型“充电宝”，承担起浙江电网调峰填谷及紧急备用等任务。这是温州打造千万千瓦级自适应新型电力系统的一个缩影。

近年来，温州全市地区生产总值连续攀升，2021年达到7585亿元，城市综合实力排名上升到全国第30位，连续三年蝉联中国最具幸福感城市。温州坚持“两个毫不动摇”，深化新时代“两个健康”先行区建设，坚持产业转型，实现发展路径之变。在加速打造传统支柱产业、新兴主导产业两大万亿元级产业集群的同时，温州抢抓新能源发展风口，布局核电、风电、光伏、水电、抽蓄、氢能、储能等新能源重大项目，新能源全产业链加速成形。

2022年，温州提出打造全国新能源产能中心和应用示范城市。千万千瓦级自适应新型电力系统建设应运而生，大量新能源项目在温州落地，推动温州由输入型电网向输出型电网跨越转型。

依托浙南坚强绿色电网的不断完善，温州逐步形成以500千伏“四横两纵”、220千伏“双环网双链”、110千伏“四线六变”链式结构为主的坚强目标网架。

全市境内现有电源总装机容量1138万千瓦，500千伏变电站6座、220千伏变电站44座、110千伏变电站189座，110千伏及以上线路长度总和达到6501千米。这些耀眼的数字，是温州电网支撑经济社会稳健发展的硬核底气。

根据全市新能源资源普查结果，温州风光水核储资源富集，拥有2300

万千瓦风光储量、1245万千瓦抽蓄储量，是未来千万千瓦级新能源开发的主阵地，这也是温州吸引众多新能源产业企业落户的独特魅力。2022年，12个总投资1258亿元的新能源产业重大项目集中签约落户温州。

位于瓯江口的威马汽车制造温州有限公司厂房上方，连片屋顶光伏板在闪闪发光，正源源不断地把光能转化成电能，除供给企业生产所需，还可实现余电上网。“7月，我们的总发电量超过114万千瓦时，上网电量有16万千瓦时，算下来，减排二氧化碳1200多吨，一个月节约用电成本将近60万元。”威马汽车制造温州有限公司总经理丁中华介绍。

在温州，光伏发电已成第二大电源。截至2022年9月，温州全年光伏累计发电15.65亿千瓦时，出力平均占比约11%。在大海上、滩涂边、群山里、房屋顶……不知不觉间，温州各地悄然布局，通过屋顶光伏、渔光互补、农光互补等模式，建设起连排成片的光伏海洋，已然使“绿色电”如潮水奔涌般汇聚而来。预计到2025年底，温州清洁能源装机占比达到56%，成为电源装机主体。

国网瑞安市供电公司员工在滨海新区110千伏东闻线28号杆开展垃圾发电厂送出工程跨高速线路验收工作

随着新能源不断汇聚，国网温州供电公司立足千万千瓦级新能源消纳格局，稳步优化能源结构，推进重点项目建设，保障能源配套工程，提升电网能源输送和安全保障能力。信息经济产业迅猛发展，先进制造业持续繁荣，现代都市农业稳步提升。温州高耗能、低小散产业纷纷寻求绿色转型，充足可靠、源源不断的清洁电能正成为温州经济转型的动力引擎，不断奏响温州全域经济转型和都市高质量发展的主旋律。

以电代煤、以电代油、电转冷热等电能多形态转换和能源高效清洁利用，实现了高能耗领域电能高效替代与规模化应用。在国家能源局《关于促进新时代新能源高质量发展的实施方案》等政策的支持下，温州将持续转化能源优势为竞争优势和区域发展优势，依靠用能结构调整进一步促进经济规模扩大和产业结构升级。

保障可靠供电，助力“百姓共富”

加快电网绿色转型的同时，国网温州供电公司强化安全生产，创新服务模式，提供优化用电和安全用电服务，全力以赴助力经济增长。从传统制造到产业数字化转型，温州电力不仅为温州地方经济发展源源不断地注入绿色能源，更是为浙江建设共同富裕示范区提供了无限动能。

2022年8月24日，苍南钱库项西村的农业生产基地里热浪阵阵翻涌，农户项祖赏内心却如喝了甘露般清爽熨帖。入夏以来，全国多地持续高温，久晴少雨的田地经受着酷热“烤”验。国网温州供电公司将供电服务送到田间地头，出动无人机巡田，帮助农户检查维护播种机器和农排用电线路，监测农作物长势和农田灌溉情况，解决了村民排灌用电的燃眉之急。

开辟用电“绿色通道”，提供便捷高效“一站式”服务，国网温州供电公司重点加快打造90个新时代乡村电气村，并以“红船·光明驿站”为触手，将优质、便利、智能的供电服务传送到“最后一公里”。

2022年3月，由供电公司与社区联动打造的龙港华中社区“红船·光明驿站”正式揭牌。该驿站以电力红船共产党员服务队为载体，实现乡村电力服务更高效、准确和及时，满足新时代乡村多元化、个性化的用电需求。国网温州供电公司全面匹配龙港市探索“大部制、扁平化”的设市模式和改革经验，实现用电业务就近能办、多点可办、少跑易办，服务覆盖周边4个社区3000余人。

在此期间，国网温州供电公司还持续加大电气化乡村建设力度，落实新时代农村电气化村建设任务，紧密衔接乡村资源禀赋、乡村产业发展布局，构建了立体的供电保障网络，全力服务乡村振兴。

秋日，位于乐清市大荆镇的下山头村，颇具特色的铁定溜溜乐园成为风景。周末驾车前来体验“铁皮石斛＋文创旅游”的市民可以在此打卡游玩，轻松度过一天。该村打造共富、幸福、数字、低碳的未来乡村示范样板，已成为浙南地区热门的网红村。2020年，该村集体经济收入达206万元、村人均年收入达4.2万元，较3年前分别增长了20倍、1倍。

这样的变化离不开温州农村电网的改造升级和供电公司提供的优质服务。2018年以来，国网温州供电公司为全市农村新建及改造老旧中低压线路1123千米、配电变压器4913台，农网供电可靠率提升至99.9831%。

因地制宜推出特色服务的同时，国网温州供电公司借助数字化改革“小切口”，推动数字治理优建共享，围绕实用化、场景化、市场化目标不断创新创效，撬动了城乡共同富裕“大战略”。

2019年起，借助温州能源数据中心推出“能效监测”服务，国网温州供电公司实现了对8000多家规上企业用能情况和能效水平的实时监测。“我们通过大数据分析，构建企业用能自动诊断分析模型，帮助企业提质增效，为企业提供最优用能解决方案。”国网温州供电公司互联网办公室副主任陈显辉介绍。

接入3357家重点用能企业全品类能源消费数据后，国网温州供电公司联合政府推出“电税康”“电安星”，创新“产业链预警”“企业碳画像五色图”等特色数字产品，积极打造龙港国网数字化县公司综合示范，参与行业标准编制。近年来，国网温州供电公司强化数字化牵引，围绕数字化改革三年提升工作方案，推进数字化全面赋能，取得了不凡成就。

2021年12月，温州“产业链一键通”系统入选浙江省数字经济系统第一批优秀省级重大应用项目。2022年9月，在温州应急管理数字化应用场景演示会上，温州瑞安“电安星”数字化应用获得了国家应急管理部副部长孙广宇的高度肯定。

数字成果创新和数字新技术在电网中的全面应用，不仅极大提升了企业管理效率，也为用户企业发展注入“强心剂”。

“受新冠疫情的影响，我们企业现金流压力较大，享受到了85.43万元优先留抵退税，增强了发展的信心。”浙江龙印电气有限公司法人陈泽龙为供电公司的效率和贴心竖起了大拇指。

2022年4月，国网温州供电公司与乐清市税务部门联合推出的“电税康”应用，对全市电气产业的800余家中小微企业进行“电力＋税务”的大数据透视，精准定位为企业纾困，完成68家企业优先留抵退税，金额达1600余万元。

推动绿色发展，守护“生态大美”

2019年11月，中央电视台连续四场大型直播掀起南麂岛与大陆联网工程海缆敷设的传播热潮，浙江省最后一个未与陆地电网联通的建制镇，彻底告别用柴油发电机的“孤网”时代。

国网平阳县供电公司员工对辖区内企业车间的屋顶光伏设备进行全面巡检，保障屋顶光伏设备稳定运行，助推企业用能绿色发展

南麂岛是国家级海洋自然保护区，早在1999年就被联合国教科文组织列为世界生物圈保护区。因为距离大陆较远，早年，南麂岛上主要使用柴油发电，效率低下且不环保。清洁电能的到来，为南麂岛带来无限的生态效益。国网温州供电公司与平阳县政府协作，在南麂岛打造无污染的“全电岛屿”，将岛上终端能源从高污染、低经济性的一次能源全部替换为清洁、安全、便捷的电能，形成全电厨房、全电交通、港口岸电、全电渔业的多样化应用场景，为海洋养殖和旅游创造更加清洁、智慧的生态环境，深度践行“绿水青山就是金山银山”的发展理念。

这颗海上明珠，在电力引擎的注能下焕发着勃勃生机。

位于温州浙南产业集聚区的滩涂上，占水域面积4.7平方千米的泰瀚550兆瓦渔光互补发电项目正源源不断地将清洁能源送入国家电网。

“渔光互补”是指渔业养殖与光伏发电相结合，在鱼塘水面上方架设光伏板阵列，光伏板下方水域可以进行鱼虾养殖，光伏阵列还可以为养鱼提供良好的遮挡作用，形成“上可发电、下可养鱼”的发电新模式。泰瀚550兆瓦渔光互补发电项目年平均发电量达6.5亿千瓦时，可以满足30多万户家庭的日常用电，同时，充分利用了闲置的滩涂资源，为当地生态经济发展提供了强劲动力。

国网温州供电公司将可持续发展理念融入电力生产端的各个环节，同时也积极引导低碳节能的用能方式，2019年至今，累计完成替代电量31.65亿千瓦时。

在国网温州供电公司的推动下，国家AAAAA级旅游景区雁荡山风景名胜区成功打造“全电景区”。景区内18辆旅游观光车和4辆景区巡逻车被替换成新能源汽车，路灯换上LED节能灯泡，灯柱加装太阳能电池板。景区清洁能源使用占比达到95%以上，景区的生态旅游品位不断提升。

乘着秋意泛水楠溪，船老大王贤考驾驶着电竹筏，谈兴正浓。近年来，永嘉对楠溪江流域272只电动竹筏进行三次升级，每年可为每只竹筏减少费用1万多元；建成覆盖面积达1600平方千米的楠溪江景区“水光储充”一体化“零碳排放”综合能源示范区，每年减少二氧化碳排放19.8万吨。

随着都市生产生活方式的更迭，绿色能源谱写了温州发展最动人的色彩。

浙江首个小型基建的近零碳建筑落户鹿城七都，“不停电的绿岛”全电家庭、全电农业、全电民宿逐步落成，“五分钟充电圈”实现龙港市“26＋1”社区全覆盖，文成“隐居武阳”未来零碳示范打造照亮乡村振兴之路。“绿色用能”的前方是可持续发展的一片蓝海，在澎湃的潮涌之下，因电而兴，温州将在通向“碳达峰、碳中和”与逐浪经济发展共同富裕的道路上伴着“风光”前行。

一路登高望远、一路精彩蝶变。在砥砺前行的时间坐标里，“温州办电110周年、温州电力建局60周年”，一幅绿色发展画卷在瓯越大地徐徐展开。国网温州供电公司将继续弘扬“忠诚担当、求实创新、追求卓越、奉献光明”的电力精神，接续奋斗打造“示范窗口”落地实践的温州模式，为服务国网浙江电力建设数字化牵引新型电力系统省级示范区和奋力谱写“两个先行”温州篇章作出更大贡献，全力保供电、助发展、促转型，为“千年商港、幸福温州”增添更加坚实、更加厚重、更加亮丽的底色。

（李闻文　金振南　李艳妮）

从农民城到未来城：社区电力推动改革之城数字蝶变

30年前，龙港的农民为了讨生活，集资建城。于是，龙港成了中国第一座农民城。随着农村生活水平日益提高，新时代的农民们又从城市回到农村，回到碧波清澈的水田旁，只因农村有了翻天覆地的变化。

华中社区是龙港市有名的乡村旅游网红打卡点。该社区位于龙港市东南部，地处鳌江入海口旁的滩涂淤积平原。江海交汇处，芦苇丛生，河网密集。从前，受制于陆路交通的极大不便，当地农民世代以捕鱼种田为业。

如今，户籍人口3000多人的华中社区，社区面貌经历了沧海桑田的变化。尤其是龙港“撤镇设市”后，扁平化的管理机制让多个自然村合并整合，各项治理职能的下放让社区有了更多自由发展的空间。目前，区域内有物流园区、农业生态观光园、美丽田园、滩涂等，近年来村集体经济收入多次翻番，已逼近千万元大关。

“我们社区采用了智慧未来社区的建设模式，通过打造网红社区吸引社会关注，通过人气流量促进社区集体经济发展，通过居民增收巩固共同富裕，这里面离不开一系列电气化手段和新型能源的应用。”华中社区的党支部书记冯亦科介绍道。

在国网龙港市供电公司的帮助下，社区生态观光园——“梦江南”生态园实现了景区观光、农家乐土灶改电灶、景区绿色景观照明等电气化改造，实现景区全电化运营。景区内的智慧菜园经过电气化改造，安装有各类采集作物生长环境数据的传感器，通过实时监测园区内用电设备运行状

全国首个镇改市——龙港为地方经济发展装上“绿色引擎”

况，对用能设备数据进行分析，形成不同农业种植设备的用电优化方案，为园区农业生产节约能耗成本。

在社区的马路旁，一边是一排排百姓的民房，一边是集光储充于一体的充电站横向排列着，老百姓新能源汽车充电已然只剩下一条马路的距离。此外，车棚顶部的太阳能电池板将太阳能转换成电能，并利用储能设备储存能量，这样既能对充电桩进行充电，也可满足周边地区夜间智慧路灯的用电。

在社区的便民中心，一个与政府社区服务中心全面融合的电力驿站已经落成。驿站内配备了农村版的“智慧电力大脑”——社区智慧电力平台，涵盖了民生民情、产业振兴和低碳社区三大功能板块，几乎囊括村民生产生活的方方面面。

“智慧电力在华中社区就是经济的‘温度计’和‘晴雨表’，电力需求变化折射出现代农村发展的规律，这一切的背后都离不开改革这一关键的底层逻辑。”

这几年，随着龙港新型城镇化改革的深入，当地供电公司紧跟改革的步伐，在企业管理、电网建设、设备运维、用户服务等方面积极推动数字化转型，将业务数字化带来的提质增效，通过更智慧的电网、更便捷的服务和更清洁的用能方式，传递到每一个龙港人衣食住行的方方面面，让“农民城”彻底脱胎换骨，向着“未来城”升级迭代。

眼下秋风送爽，华中社区180多亩的高标准农田也迎来丰收季，这里已打造成“生态＋生产＋生活”三位一体的现代农业园。曾经大海之畔芦花遍野的荒芜，如今华丽转身成了秋风吹拂稻浪的美丽田园。

（张　兴　陈叶叶）

电力“背包客”助力10万搬迁户“挪穷窝、安新居、奔共富”

金秋十月，在泰顺县筱村镇北坑村油茶种植基地内，成片的油茶树枝繁叶茂、结满了果儿。村民们穿梭其中，采摘油茶鲜果。丰收的喜悦让基地负责人陈林生连连表示自己终于实现了“下得来、稳得住、富得起”的共富梦。

陈林生原是泰顺县筱村镇北坑村人。“九山半水半分田”的泰顺，经常受台风、地震、山体滑坡等自然灾害的影响，地质灾害点占全省的近1/10，房屋时常被损毁，大量村民被迫转移安置。

为此，一场声势浩大的“下山脱贫”行动在泰顺县吹响号角，拉开了泰顺生态保护、除险安居、脱贫攻坚的序幕。随着“生态大搬迁”行动的推进，北坑村村民几乎都搬下了乡，唯独陈林生一家留在山上，迟迟不肯下山。

彼时，国网温州市泰顺县供电公司立足山区实际，创新推出了电力“背包客”服务模式，组织安排“背包客”下到交通不便的村落，进村入户开展业务咨询、用电检查、业务办理等服务。陈林生成了电力“背包客”吴思朴在北坑村唯一的走访用户。

“靠山还能吃山，下山吃啥？吃石头吗?”在一次次走访沟通中，吴思朴终于得知了陈林生不搬家的原因，目不识丁的他没有手艺，担心下山后无法维持生计。

如何帮助陈林生呢？这成了吴思朴的一块心病。作为一名电力“背包客”，他最不差的就是“脚力”。为了让陈林生也能“挪穷窝、安新居、奔共富”，吴思朴多番了解政策，上门讲解。泰顺县的移民安置补偿额度已经是全省最高，而且有各种费用减免政策，如果愿意，还可以缴纳公积金。得知这些信息后，陈林生一合计：这家，搬得起！

2019年末，陈林生一家如愿搬进了枫岙抗震安居小区内宽敞明亮的安置房。

居已有所安，业须有所兴。如何有效促进移民家庭可持续发展，是搬迁村民“稳得住”的关键所在。吴思朴将陈林生妻子龚碎琴介绍到小区内的来料加工厂制作开关，让其不仅能照顾家庭，还有了稳定的收入。“两个孩子在镇上读书，老婆也在小区里的来料加工厂上班，一个月就能挣好几千（元）呢！”陈林生脸上洋溢着幸福的喜悦。

妻子做着来料加工，陈林生也没闲着，依靠自身种田本领，将山上闲置的土地利用起来，种植了10多亩杨梅、10多亩油茶和7亩茶叶。

电力“背包客”党建联盟为山区老人服务

“不管是山上的产业，还是小区里的来料加工厂，都少不了咱们电力‘背包客’的身影，也少不了他们的帮忙！”陈林生表示，他对下山共富的态度也从最初的惴惴不安转变为了如今的信心满满。

目前，泰顺已将35538户农户共10万余人迁往山下集聚安居，实现23个行政村和361个自然村整村搬迁，46个自然村自然消亡。山上的产业红红火火，山下的日子蒸蒸日上。农民下山，产业上山，门前创业，进城就业，全新的共富模式已在这里徐徐铺开。

电力“背包客”的服务也从偏远山区走入寻常百姓家，走入企业车间，走入田间地头，在共富路上下足功夫。

（项静静）

蓝色海湾　绽放光芒

山环水绕，宝岛旖旎。台州，这座位于东海之滨的城市，千年前曾让杜甫写下“台州地阔海溟溟，云水长和岛屿青”的诗句，赞誉大美风光。在这里，大大小小的海岛如同散落的棋子遍布蓝色海湾，其中最为璀璨的，便是“东海明珠”大陈岛，历经60余载岁月，铅华洗净，绽放光芒。

特殊的地形，也赋予了台州儿女乘风破浪的驭海豪情，他们用勤劳的双手，带给这座滨海城市日新月异的变化，不断书写万千精彩、呈现非凡成就。除了时间，电力是最有力的见证者，座座铁塔、迢迢银线万里蜿蜒，见证着城市变迁、产业发展、海岛巨变。

更智能、更低碳，加快新型电力系统建设

“这些年最深的感触，是电力保障越来越充足了。”日前，台州市民李强在面对当地电视台“民生记忆”主题海采时说。

在台州，停电正逐渐成为一件“稀罕事”。可靠供电，是台州电网建设成效的一大亮点。近年来，国网台州供电公司重点打造分段、联络和分支开关具备自动化遥控功能的高可靠性自愈配网，逐年提升配网可转供电率、馈线自动化覆盖率、中压线路站间联络率等网架指标。

电力发展是一张逻辑严密、层层递进的“网”。如果说配网是能感知的

“骨”，那么主网则是深层次的“基”。目前，台州电网拥有110千伏及以上变电站170座，主网线路7281.3千米，全社会年用电量达到397.26亿千瓦时，电网固定资产投资达107.23亿元。

广阔天地挺立钢铁脊梁，一系列重大工程竖起台州电网发展里程碑。

“十二五”收官之年，神州海岛第一环——台州玉环500千伏麦屿变电站至温州乐清500千伏四都变电站输电线路投入运行，让台州电网实现了与外部电网的互联互通。

2022年6月，全国首个柔性低频输电示范工程——国家电网浙江台州35千伏柔性低频输电示范工程投运。该工程采用国际首创海岛低频互联技术并结合风机低频接入技术，构建陆地—海岛—风电互联系统，首次实现了海上清洁能源降频直送，为新能源输送和消纳积累了宝贵经验，在保障能源安全供应的同时，推动绿色低碳转型。

网是基本，关键在人。无数个日日夜夜，供电守护者始终站在一线，不断用智能化、数字化为可靠性加码。

在温岭石塘供电所的控制中心，操作人员新建巡航任务后，无人机按照规划好的坐标航线对架空线路开展全自动巡检，这是国网台州供电公司创新应用的配网无人机全自动巡检模式。依托于“大云物移智”，海岛配网加装北斗智能开关、偏远海岛实现量子智能开关全覆盖等智能数字化设备应用，在台州形成了一套“标准化、智能化、精量化、可视化”的智能电网管理体系。

变电站向来以设备繁多、线路庞杂、点多面广著称，以前每到用电高峰，日常运维全靠人工。“自从有了机器人新同事，再也不用为一天跑十几个变电站而焦头烂额了。”变电运维员工王可欣说。自从变电站巡检机器人和智能操作机器人全面进驻台州电网，设备巡视、红外测温、开关室操作等工作几乎都能被机器人“平替”，像王可欣一样的变电站运维人员就少了

台州海上风电场

许多琐碎的日常工作。

与坚强电网同步，能源清洁化转型的步伐也在不断加快。

位于台州东南部海域，瓦蓝的海水之上，台州首个海上风电场——华电玉环1号海上风电场，23架硕大的风机在早秋的微风中缓缓转动，产生的电能被大电网全额消纳，每年8.8亿千瓦时的电量，将满足陆地之上35万户普通家庭一年的用电所需。

在台州温岭，全国首座潮光互补智能光伏电站开创了潮汐与光伏协调运行发电的新模式，预计每年将有1亿千瓦时的发电量被电网全额消纳，满足约3万户居民一年的家庭用电所需。

近年来，国网台州供电公司紧扣“双碳”目标，加快新型电力系统建设探索实践，全力打造全域新型电力系统示范区，努力改善能源结构。当前，新能源并网容量已突破250.8万千瓦。

优化电力营商环境，激发民营经济活力

“现在停电少了，办电也更方便了。”埃飞灵卫浴科技有限公司董事长叶灵江说。对企业来说，电一停，整个生产节奏就会被打乱。

民营经济一直是台州发展的根和魂。当前，台州民营企业积厚成势，历史性地跨过地区生产总值5000亿元大关。民营经济的迅猛发展，也意味着当地企业对电力稳定供应的依赖。

过去，受制于技术原因，带电作业占抢修及检修的比重并不高，部分工作必须停电才能进行。如今，国网台州供电公司实现了带电作业市县全覆盖、作业类型全覆盖，将带电作业范围扩展至高压领域。2019—2021年，台州配网不停电作业中心累计开展带电作业36473次。

随着“带电作业”规模的发展壮大，国网台州供电公司的作业方式也在更迭创新。2022年6月，国内首次机器人带电更换主网复合绝缘子作业在台州试验成功，突破了台州电网不停电作业机器人应用实践的瓶颈，也让台州的带电作业又上了一个新台阶。

除了供电可靠，企业最大的感受是“办电流程变简单了”。就拿2021年7月特斯拉入驻方林汽车城来说，作为台州首个引进的新能源汽车品牌，供电公司主动配合、帮助指导前期工作，在验收和调试等环节尽量并行，压缩流程，使得原本所需的一个半月时间被压缩到一个月以内。

这些年，国网台州供电公司不断精简办电业务资料，优化办电流程，群众办电所需的申请资料已实现21类用电业务“一证受理”，16项业务“零次跑”和5项业务“最多跑一次”，让“等用户”“用户等”成了历史。

受新冠疫情冲击，这几年小微企业的生产经营难度增加，好在有“电费红包”纾解压力。

2021年4月，随着最后一笔57511.71元的基本电费减免款被发放到江南电镀厂的账户上，精准赶制的电力惠企“优惠款”全部发放到符合减免条件的企业电力账户中。国网台州供电公司推出20项助企惠民举措，其中一项就是减免防疫期间不能正常开工企业的基本电费。仅在民营企业众多的玉环，就有840多家企业符合减免条件，涉及基本电费金额800余万元。

2022年7月，浙江银轮机械股份有限公司参与需求侧响应工作，获得约13万元的补贴。在天台，国网台州供电公司针对工业企业试行“电量银行”管理机制。企业每次参加的柔性负荷调节、实际响应的电量，都会被存入“电量银行”户头，并在后续“能源优化利用”的时间节点上进行抵扣。

目前，天台县已有769家企业成功参与需求响应，累计响应电量391930千瓦时，需发放响应补贴共计120多万元。涓涓细流汇集成“能量池”，在关键时刻便能发挥大作用。

新冠疫情防控常态化之后，国网台州供电公司在深化“欠费不停供”举措的同时，还针对众多中小民营企业所面临的资金周转慢、流动资金占用额高、融资成本高等困难，依托国网“电e金服”平台，创新开展信用证缴费等业务，进一步拓展服务渠道，推出多项惠企政策，减少企业资金压占、降低融资成本，近年来已累计提供保险替代保证金业务、低成本应收账款融资、电费金融服务等各类普惠金融服务支持共计4.66亿元，助企纾困成效显著。

生态变现，探索乡村共富密码

趁着晴好天气，台州临海的居民何贤军爬上屋顶擦拭太阳能光伏板，确保光伏板表面干净，可以发出更多电量。

2013年，何贤军在自家屋顶搭建了一座由20块太阳能电板组成的“家庭电站”，他是浙江省居民光伏发电“第一个吃螃蟹”的人。

9年过去了，屋顶的“小发电厂”每年都给何贤军带来八九千元的稳定收益，家庭式光伏发电也早已不是什么新鲜事。位于仙居县的新联村，是台州首个生态“光伏村”，在这里，花园式的农家别墅联排而立，一排排光伏发电板在阳光下闪闪发光，光伏板下的电表箱里，跳动的数字实时记录着发电量，积蓄着美丽乡村建设化蛹成蝶的革新伟力。

2021年，台州市居民光伏发电总量约5.2亿千瓦时，通过光伏发电将阳光变现2175万余元，惠及1185户家庭。一本本“阳光存折”汇滴成海，将电力先行、乡村振兴、绿色发展融入共同富裕的汪洋大海中，谱写出一曲曲小山村致富的“交响乐”。

2022年国庆期间，“东海明珠”大陈岛迎来8182人次游客，岛上45家农家乐、1400多张床位，在旅游高峰期供不应求。

有家客栈是大陈岛上第一家真正意义上的民宿，据老板施招荣回忆，有家客栈刚开业时大陈岛仅有1530户居民，年用电量443.58万千瓦时，周边一片后来兴起的民宿群原先都还是荒地。民宿开办初时，冬季取暖高峰期间，供电容量不足；夏季台风暴雨频发，影响电网安全运行。随着新一代电力垦荒人接过接力棒，奔走在环网柜改造、架空线路入地的施工现场，海岛网架结构不断优化。2020年，大陈岛建设“三色三地”清洁能源绿色海岛取得较大成就，配电电网已经较为成熟，正式取消计划停电。2022年，随着35千伏柔性低频输电示范工程和氢能综合利用示范工程相继投运，全岛供电有了“双保险”，为大陈全域蝶变、共同富裕添足了动力和底气。

“这两年大陈岛的发展越来越好了，仅2022年8月份客运量就高达8万人。”施招荣说。同样的现象，在路桥黄礁岛、温岭石塘半岛等地相继上

台州城市夜景

演，从以前的小渔村、无人岛发展到如今的旅游胜地，充足的电力供应为台州各地风光旖旎的海岛群提供了坚强的支撑，助其共富之路越走越宽阔。

民宿经济的蓬勃发展为乡村振兴注入了新活力，当前，台州市78.1%的行政村已建成新时代美丽乡村。在玉环市大坑村，精品台区建设迎来验收，一条条排列整齐、井然有序的供电线路环绕绿水青山，为家家户户送上清洁电力；一个个电力设施与风景融为一体，为美丽乡村赋能添彩。过去“藏在深山人未识”的原生态美景成了乡村休闲旅游的胜地，乡村百姓靠“卖风景”，吃上了“旅游饭”，山区里上演着一个个动人的共富故事。

“现在的农村，各方面条件都不比城市差。”大坑村的老村民应宇国骄

傲地说。电力数据便是有力的证明：近3年来，国网台州供电公司投资超过35亿元用于配网升级改造，目前，台州城市供电可靠率和农村用电可靠率分别达99.9920%和99.9831%，城乡差距进一步缩小，共同富裕在每个细节中可见可感。

电力，是社会生产生活的命脉，是城市发展的动力之源。从点亮一盏灯到点亮一座城，这灯火漫卷的万里山河，有一代代电力人的深厚脚印，栉风沐雨、坚定向前。

（屈依杨　陈维益　许　多）

激活绿电密码　擦亮共富底色

当第一缕曙光照耀东海大陈岛，台州大陈供电所党支部书记王海强带着两名员工走进氢能综合利用示范工程现场，巡视检查制氢设备运行状况，与这座充满朝气的海岛一起迎接新一天的繁华。

王海强是土生土长的大陈人，对岛上“一天一个样”的变化看得真切。大陈岛秉持着“靠海吃海”的原则，充分挖掘“海”的资源优势，将大海上空的充沛风能、海岸边的无限风光、海里逐浪的鲜美鱼虾，都转变成海岛发展的生命力。富足的风电资源开启了大陈岛居民的新生，全电景区、全电民宿、全电交通、全电养殖纷纷落地，海岛旅游和黄鱼养殖等特色产业发展红火，众多岛民变身导游、售票员、景区管理员、民宿农家乐老板，生活蒸蒸日上。在核心街区梅花湾，宾馆、民宿、商铺、超市鳞次栉比，电力驿站、垦荒邮局、快递驿站等便民服务点应有尽有。岛民用上长明电、通上5G网、实现智慧就医、享受“一站通办”，年均收入翻番，一派岛兴民富的好景象。

大陈岛风能资源得天独厚，岛上34台电力风机，平均每年可发电6000多万千瓦时。发电量除了满足全岛用电，还有很大富余。“如何解决风电产能过剩，实现就地消纳，高效对外输送，成为海岛电力发展的新课题。”王海强说，2021年大陈岛入选浙江首批低（零）碳试点乡镇，开始全力打造“碳中和”示范岛，其中推动两个全国首创工程落地投运，是对电力发展新课题的最好解答。

大陈供电所作为两个项目的属地供电所，积极为属地政策处理、项目施工披荆斩棘，扫清障碍，并紧跟两个项目的施工计划和进度节点，协调做好设备物资运输、工程车辆调配、施工团队驻岛生产生活等安排，全力保障工程各阶段工作顺利推进。最终，在2022年6月16日，全国首个柔性低频输电示范工程——国家电网浙江台州35千伏柔性低频输电示范工程投运，首次实现海上清洁能源降频直送，为海上风电的中远距离输送提供了示范；7月8日，全国首个海岛“绿氢”综合能源示范工程正式投运，利用可再生能源分解水得到氢气，从源头上实现了二氧化碳零排放。两个项目的顺利投运，不仅时隔13年为大陈岛再添一条低频海缆，实现全岛供电“双保险”，而且可以探索供电、供氢、供氧等多种场景应用，使海岛能源结构更加多元。山青海蓝、岩雄林茂、风氢互补、柔频共济的和谐画卷徐徐展开。

台州大陈“零碳”海岛建设示范项目投运，为海上风电氢能综合利用和柔性低频输送提供示范样本

“大陈岛还是浙江省首个绿电积分景区。”王海强介绍道，浙江省绿电积分，也称“浙江版绿证”，每1个绿电积分对应100千瓦时清洁电的消纳。游客通过扫码参与绿电积分活动，可兑换全电民宿餐饮、全电养殖大黄鱼抵扣券，开启海岛绿色能源消费新体验。

在未来，“绿色ID”的应用将“双碳”数字化场景代入现实；“港口岸电”“海岛能源”类博物馆的建成，将立体化呈现大陈绿色能源版图和“双碳”路径，促进“文旅＋绿能”融合发展。同时，绿色工业文化遗产的开发、沼气发电、潮汐能发电等新能源方式的展望，将进一步丰富智慧能源样板区的美好景象，让大陈岛这颗“东海明珠”，成为红色血脉永相传承的“文明红岛”、乡村振兴发展的“零碳绿岛”、共享美好生活的“繁荣富岛”。

（曹琼蕾）

百亿市场的能源转型升级路

“国庆前的汽车音乐广场火爆了，一晚上就来了七八千人。”2022年10月11日，国网台州供电公司员工来到方林汽车城，商讨进一步增容事宜，满足迅速增长的新能源汽车需求。

近年来，随着低碳发展战略日益深入人心，国网台州供电公司全力助推能源低碳转型，将稳定发展新基建作为保障民生、促进发展的重点项目，同时加快完善配网结构，提升供电服务品质，持续优化用电营商环境。

“给力！”刚一落座，方林汽车城总经理林荣辉就笑着分享最近的喜讯。

2021年7月，作为台州汽车消费领军市场的方林汽车城再度转型，主动从传统燃油车销售转向新能源汽车销售，打造环境友好型市场。引进特斯拉成为方林的标志性动作。

但市场环境瞬息万变，决策一旦制定，速度就成为决定成败的关键因素。为此，供电公司主动优化办事流程，在验收和调试环节开通绿色通道，原本需要两个月时间才能完工的设备，一个月就全部到位，帮助方林汽车城拿下这关键一局。

随着新能源汽车市场的进一步打开，方林汽车城乘势而上，朝着建设“零碳市场”而努力。有了上一次的密切合作，方林汽车城再次与供电公司深度合作，建设屋顶光伏，一期面积为15000平方米，每年发电量约160.5万千瓦时。科技感十足的闪亮顶棚不仅增加了市场的科技感、时尚感，每年更能节约20多万元的电费。

能源的转换需要细致周到的服务来打开市场。方林汽车城又邀请供电

浙江方林汽车城最大的交易区顶棚,成片的光伏板在阳光下熠熠生辉

公司安装公共充电桩，帮助新能源品牌解决汽车充电设备的安装问题，并开展新能源汽车用户的售后充电桩安装服务工作，一起深化能源服务的触角，推动全社会的能源转型步伐。

如今，方林汽车城已经引进了28个新能源汽车品牌，并通过集装箱改造搭建，增加了4000多平方米的展位空间，场地出租率达到100%，可谓一位难求。

方林汽车城始终保持了台州汽车消费市场的领军地位，并在2022年实现了累计销售100万台汽车的目标，年销售额也从10年前的不到50亿元，实现了“破百亿元”的目标。

“分不开，分不开。”林荣辉连声说道。这一路走来，供电公司的优质服务始终如影相随，帮助市场实现了能源跃升和市场升级。

当下，在供电公司的引导下，方林汽车城还开始着手用电的数字化管理，在深入了解自身用电情况的基础上，开展错峰用电，实现节能降耗。

放眼现在的方林汽车城，漂亮的汽车广场上，由集装箱搭建而成的新能源新消费场景彰显着时尚潮流的趋势，迎合着年轻人的品位，更是昭示着市场的前景未来。

（许　多）

千岛共美　踏浪而歌

东海之滨，千岛璀璨。追风逐日，踏浪而歌。

从百废待举到欣欣向荣，从边远海岛到开放门户，作为东海明珠的舟山，敞开胸怀拥抱世界，扛起国家战略重任，以“弄潮儿”的姿态在奔跑在跨越。国网舟山供电公司深入贯彻落实习近平总书记重要讲话和指示批示精神，紧密结合国网浙江电力发展战略，全面助力海洋经济发展，推动“八八战略”在海岛地区落地生根，助推地方经济社会发展行稳致远。

电网发展　从星星之火到燎原之势

2021年11月18日，一座崭新的变电站——220千伏新港（集聚）变电站从层峦叠嶂中拔地而起，纵横交错的电网延伸至海洋产业集聚区，供电可靠性大大加强，用户用上了“舒心”电。这座海岛花园式变电站，集“颜值”与“实力”于一身，是舟山新建的第十二座220千伏变电站。

从海岛孤网星星之火，到大陆联网璀璨流光。

崇山绵延之间，以500千伏为主电源、220千伏为骨干网架的双环“日”字型坚强电网，勾勒出强劲有力的能源轮廓，燎原海岛星火。澎湃波涛之下，涌动着舟山群岛的动力血脉，一条条海缆将千岛明珠串联起来，点亮新区光明。

从舟山西堠门跨海大桥俯瞰，两座代表着国家电网人精神高塔的输电铁塔横亘东海，屹立云端。2019年1月15日，舟山500千伏联网输变电工程正式投运，舟山迈入超高压时代，在电网建设历史洪流中写下了最生动的篇章。

作为保障“海洋强国”国家战略落地的重要能源支撑，舟山500千伏联网输变电工程已累计输送电量超过259亿千瓦时，占舟山市用电总量的55%左右，海洋群岛新区和绿色石化基地供电得到有力保障。

从空中“蛛网”纵横交错，到处处是景、步步入画。

金秋十月，孤悬于舟山群岛最东端的东极岛碧海蓝天，岛翠林绿，民宿新居错落有致，八方游客络绎不绝。依海而建的庙子湖码头步行道豁然开朗，原本分割美景的架空线不见了，取而代之的是视野更加通透的步行道。2022年底，总长6.5千米的环岛路将完成架空线路落地，10千米200根高低压电杆将全部清除，全岛彻底告别了空中“蜘蛛网”。

从2017年东极联网工程投运，到2018年东极小城镇线路综合改造，再到如今新一轮线路落地、东极微电网建设，东极电网“3.0版本”已全面开启。

遥想过去，一个小小的柴油机发电厂供应着全岛的用电，电压不稳、台风天断电再普通不过，年轻人出岛，留下老人过着日出而作、日落而息的生活。

如今，行走东极，到处可见一派欣欣向荣的景象，高塔银线焕然一新，村民幸福感与日俱增。

在电力保障下，东极的人居环境、基础设施和公共服务日益改善，小岛每年用电量增长35%以上。

近年来，海岛农村电网改造升级如火如荼。建设总投资7.13亿元，新增10千伏配变台区1122台，新增低压线路1471千米，农村基础设施全域提升，有力推动了当地经济和旅游发展，村民的生活蒸蒸日上，日子过得越发红火。

从传统能源生机盎然，到新能源势如破竹。

海洋赋予舟山群岛得天独厚的发展基因，蕴含着新型电力系统强劲发展的绿色动能。超2000千米的海岸线，超2万平方千米的海域面积，1100多小时的太阳能年利用时间，海风海浪动能强劲，“风光潮”新能源开发大有可为。

在秀山岛东南海域，湍急的海水淹没了直径30米、高约40米的水轮机。耳畔，飞速转动的联轴器“嗡嗡”作响。海潮涌，绿电生，2022年2月24日，国内首台兆瓦级潮流能发电机组“奋进号”下水，源源不断的清洁能源从这里汇入国家电网，奏响潮流能发电的华美乐章。

这是全球单机容量最大的潮流能发电项目。从2016年第一代机组“侨联号”下水，到2022年“奋进号”加盟，潮流能四代发电机组相继投运，持续发电并网运行64个月，累计上网电量约243万千瓦时，相当于减少标准煤消耗847吨。

潮流能发电无疑是舟山新能源发电的最亮眼新星，而伴随着海上风电、滩涂光伏、波浪能等资源大规模开发利用的契机，越来越多的海洋资源在舟山“物尽其用”。

国网舟山供电公司顺应绿色发展趋势，抢滩“蓝色油田”，通过推进多元融合高弹性电网建设，加快清洁能源开发利用、并网消纳，铺就一条清洁低碳、安全高效的绿色能源发展之路。

目前，舟山海上风电场已并网运行的总装机容量达到77.1万千瓦，实现从无到有的飞跃式突破。自“光伏倍增”计划启动以来，总容量超8万千瓦，预计平均每年可为企业节省电费约20%。潮流能累计发电量218.8万千瓦时，在连续并网运行时间、潮流能发电量上都引领全球。

服务先行　从千岛共美到逐富共兴

昔日的鱼山岛，是一个人烟稀少的偏远小岛，如今再到岛上，一个现代化“不夜城”已颇具规模。

近年来，舟山油气全产业链“异军突起”，走出了一条无中生“油”的特色产业发展路径。建成全国规模最大的石化基地，从“不产一滴油”到年产4000万吨炼油。昔日的边陲海岛，变成开放战略高地。一座新型绿色石化城——舟山绿色石化基地在此蓬勃发展，“海市蜃楼”变成现实。

国网舟山供电公司超常规完成配套电力工程建设投运，打通基地“五线五通道”供电，实现鱼山岛34回110千伏线路“两两配对”、鱼山岛3座220千伏变电站双环网供电新模式，确保舟山绿色石化基地供电充足。面对一天一个变化的鱼山岛，国网舟山供电公司建立全省首个客户现场服务中心——鱼山供电服务中心，延伸服务触角至客户现场，实现“零距离”供电服务。

近年来，舟山推动形成“大企业顶天立地，小企业铺天盖地”的生动局面，大企业发展腾飞，中小企业也不甘落后。伴随数字化改革进程，绿色省心又省钱的用能方式，已在舟山落地生根。

走进金塘螺杆小镇，现代化、智能化气息扑面而来。这里被誉为“金塘螺杆之都”，集聚上百家螺杆制造企业，是舟山为推动制造业高质量发展打造的又一高地。

为了让企业用好每一度电，国网舟山供电公司首创“电碳税”指数，指导企业节能降耗、绿色发展，助力政府“双碳”治理。目前，该指数已应用在舟山426家企业，帮助企业节省税收2000余万元。

这些年，在打造“三零”“四省”办电服务、提升“获得电力”水平方面，舟山跻身全国前列。

走进A级定海供电营业厅，市民虞先生通过人脸识别，全程未提交任何实物资料，轻松办理了低压居民过户业务。目前，“刷脸办电”已在舟山实现了全覆盖。

民生无小事。近年来，“最多跑一次”、“办电不出岛”、水电气网一网通办、刷脸办电、无人营业厅、海岛服务直通车，一步一跨越。国网舟山供电公司推出“便民助企十大举措”，解决客户“急难愁盼”问题，让人民群众办电更加舒畅。

一岛一品，串珠成链。如今，越来越多的游客奔赴山海诗意，海岛旅游蓬勃发展的东风吹遍岛城。

枸杞岛是舟山群岛最偏远的住人海岛之一，因远离大陆，电能等资源在这里显得越发珍贵。从2012年至今，枸杞岛已完成66项配网工程改造，现有用户3115户，2021年全岛用电量1783万千瓦时，同比增长9.7%。

站在枸杞岛干斜村沿海公路上，放眼远眺，海天一色，碧波如黛，浮子如链。这片面积约1.53万亩的“海上牧场”，可孕育贻贝8.5万吨，是枸杞岛渔民们发家致富的“敲门砖”。

9月，贻贝进入收割旺季，贻贝加工企业日渐忙碌起来。在过去，贻贝的生产加工异常烦琐，成堆的贻贝被倒入大锅中烧开，需要专人负责烧煤炭，滚滚黑烟从小作坊的烟囱向外排放，即使到了夜晚，渔嫂们仍旧围坐在一起，挑灯剥着贻贝壳。

而今是另外一番景象了，在嵊泗华利水产公司加工车间里，两条流水线正在不停运作，贻贝从清洗、蒸煮、拉丝、去壳、冷冻、打包到最后装箱，全靠自动化生产，这是电气化改造带来的好处。

目前，枸杞岛上有常住人口约8000人，近一半从事贻贝养殖相关产业，光贻贝养殖户的平均年收入就在30万元左右。小小贻贝，成了富民的

海上牧场线路改造让贻贝养殖供电更可靠

大产业，电力联通海上牧场，让当地老百姓走出了一条幸福路。

实现全域住人岛屿同质化供电服务是国网舟山供电公司一直以来的目标。5月，抢修驿站在嵊泗4个偏远岛屿相继投运。国网舟山供电公司推出“岛自为战”管理模式，打造“应急响应半小时圈”，打通离散海岛资源链“神经末梢”。

从业态到生态，国网舟山供电公司用心描摹群岛绿色卷轴，以澎湃奔涌的绿色电力，擦亮海洋城市的生态底色。

登上舟山本岛西北，全国三大鸟类保护区之一的五峙山列岛，整齐的光伏板平躺在海岛上拥抱着阳光，绿色掩映下的蓝色硅板显得格外鲜艳，炙热的阳光通过“微电网”摇身一变，成为岛上可控的清洁能源。

每年夏季，中华凤头燕鸥、黑尾鸥等夏候鸟北归，在这里筑巢孵化，繁殖后代。为了更好地保护五峙山列岛的自然生态，国网舟山供电公司全面启动鸟岛微电网建设，用更清洁的电能替代煤和油，在为监控鸟类提供用电的同时，让“神话之鸟”更好地在舟山安家。

国网舟山供电公司支撑服务社会能效提升，助力“小岛你好”海岛共富行动。全电民宿、农家乐，让绿色旅游成为新风尚。能源汽车充电桩星罗棋布，绿色出行蔚然成风。

逐梦深蓝　从初露锋芒到独占鳌头

东海之畔，2085个岛屿，1395千米海底电缆。研发、试验、施工、运维……“电力蛟龙”串联起海岛电网的光明，海洋输电肩负起新区腾飞的希望。

从“海洋强国”战略到“一带一路”倡议，发展海洋输电，实现海上能源互联互通，已是中国乃至世界必须直面的重大课题。舟山作为实现海上能源互联网构想的“桥头堡”，从国家电网公司到国网舟山供电公司，都对此寄予厚望。

近年来，通过在海洋电网施工领域不断攻坚克难，舟山86个住人岛屿已实现与大电网联网供电，大部分都由海缆输送电能，长度和电压等级均是全国地级市之最，互联互通格局已然形成。

国网舟山供电公司发扬首创精神，肩负着使命与重责，海洋输电技术研究在浪潮奔涌中开辟出一条新航路，赋能电网跨越升级发展。

2013年舟山群岛新区批复，舟山又迎来新的发展机遇。2014年，在圆满完成168小时试运行后，世界首个五端柔性直流输电示范工程——浙江舟山±200千伏多端柔性直流工程正式投运。

这些年，试验研究敢闯敢试。2016年，“国家电网公司海洋输电工程技术实验室”正式挂牌成立，成为（当时）国内唯一专业从事海洋输电领域技术研究的机构，并开展了国内首次500千伏交流交联聚乙烯绝缘海缆预鉴定试验、535千伏直流国产绝缘料电缆型式试验等，打破国外垄断。

这些年，海缆施工强势崛起。2018年，国内首制5000吨级新型海缆施工船“启帆9号”，海缆施工运维能力跻身全国第一、世界领先。2019年，高质量完成国内首次500千伏海缆敷设。2022年，海缆埋设犁再升级，埋设深度达全国之最。

这些年，“产学研用”深度融合。2021年，成立海洋输电“产研”基地，剖析海洋输电关键技术难题，研究突破方式，提炼出海洋输电领域技术封锁清单，并构建发展路线图和创新驱动实施路径。研发海缆保护神器——海缆监测系统、钢铜丝混合铠装电缆、海缆防外破“Ω”形钢筋混凝土保护盖板，立体可视的海缆“零锚损”防护体系初步建成。

这些年，电网精益化运维水平不断提升。

在过去，瞭望台是海岛供电最前端的“哨所”。每一条海底电缆登陆点附近，都会有一座瞭望台，光舟山就有14座。

如今，海洋输电智能化运监中心大屏上，铺展着一幅货畅其流的生动画卷。轻滑鼠标，每艘船舶的动态和海底电缆的信息一目了然。只要有船只驶入禁锚区，系统就会自动报警，海缆运监工作效率大幅提升。

在过去，人工巡视是输电线路巡视的唯一选择。工作人员需要走到设备线路附近，用望远镜、红外测温仪等设备对线路进行“体检”。

如今，在380米的输电高塔下，5G无人机正缓缓驶出机巢，对跨海线路进行智能巡检，巡检画面实时传输至管控中心。

面对穿云入海的输电线路，国网舟山供电公司构建“海陆空”三位一体巡检模式，建成输电线路飞控中心和海缆智能监控中心，成立海上义务护线员队伍。输电线路数智化管控水平全面提升，“海陆空安全网”织牢织密。

这艘海上巨轮正扬帆奋起，鸣笛奋进。

舟山500千伏联网工程380米输电高塔

国网舟山供电公司将以习近平新时代中国特色社会主义思想为指导，矢志不渝地践行高塔精神，按照“打造新型电力系统海岛示范”这条主线，实施“高塔精神引领”“创新创效赋能”的双轮驱动举措，攀高峰、立新功、作示范，为助力共同富裕示范区建设和新型电力系统省级示范区建设贡献舟山智慧、扛起舟山重任。

（富雨晴）

供电优质服务"加速跑"助力鱼山绿色石化跑出"加速度"

在东海之滨，有一座鱼山岛，它在"岛岛共富、各美其美"的千岛新图景中格外闪耀，依靠舟山得天独厚的油气贸易优势和充足可靠的电能供应，这里已成为全国最大、全球第二的石化基地。

2022年4月15日，随着鱼山绿色石化基地二期供电工程圆满收官，鱼山岛进入34回110千伏线路交叉供电、4回220千伏线路交叉环网供电新模式，有力地保障了世界级石化基地用电可靠性。

作为海上"钢铁之城"，鱼山绿色石化基地是世界上投资最大的单体产业项目，目前最高网供负荷达127.13万千瓦，占舟山市负荷的76.70%。短短时间内，从无到有，再到现在超全市负荷的"半壁江山"，"鱼山奇迹"的背后，电力保障绝对是浓墨重彩的一笔。

项目推进，电力先行。国网舟山供电公司超常规推进电网工程建设，完成配套电力工程建设投运。面临工期紧、标准高、沟通难等诸多挑战，一边抓好疫情防控，一边推进工程高质量建设。

几百名建设者坚守岗位、分秒必争，从盛暑到隆冬，从破晓到暮夜，仪器"呲呲呲"放电的声音，电扳手"当当当"上紧螺丝的声音不停地充斥在施工人员的耳边。他们晨兴夜寐、共同努力，提前9个月建成220千伏鱼东输变电工程，提前建成投产舟山至鱼山220千伏第三回线路、蓬莱至鱼东220千伏线路等工程，最终打通"五线五通道"供电格局，确保基地供电充足，践行"宁可电等发展，不要发展等电"的嘱托。

海缆施工船“启帆9号”在鱼山附近海域敷设海缆

定制服务，“管家式”保障。鱼山岛作为偏远海岛，以往客户要申请新装用电、临时用电或者增加用电容量等业务，都需出岛办理，交通不便消耗了大量的时间和人力成本。国网舟山供电公司开展针对性定制服务，成立全省首个客户现场服务中心——鱼山供电中心，实施“零距离”供电服务。“各类供用电业务可通过鱼山供电中心现场直接办理，实现业务办理不出岛，大大节省客户办电时间。”该供电中心负责人介绍。此外，国网舟山供电公司汇聚各专业骨干，组建专项服务团队，并邀请省公司各专业专家，一起定期开展鱼山现场联合服务；与客户联动，成立鱼山石化项目供电保障合署办公工作组，变“等客上门”为“主动服务”，提供“比客户想在前”的全方位优质服务。

创新技术，构建“海陆空”安全网。鱼山供电通道有海底电缆，也有跨海架空输电线路。国网舟山供电公司在常规输电电路运维基础上，充分运用移动互联、人工智能等先进物联技术，打造具有本体设防合理、状态全面感知、全景实时监控、主动可靠预警、智能快速处置特征的输电线路，构建“海陆空”三位一体输电线路，并开展巡检，确保重要输电通道安全，全面提升输电设备的数智化管控水平，织牢织密“海陆空安全网”。

未来，国网舟山供电公司将保持供电优质服务“加速跑”，通过强化电网、创新服务和保障安全，助力鱼山绿色石化跑出“加速度”，服务浙江自贸区高质量发展。

（陈泽云　王　宁）

“蛟龙”入海联千岛　科技引领惠万家

在洒落着1390个岛屿的东海之畔，无数条“电力蛟龙”串联起群岛新区的光明。截至2022年11月底，国网舟山供电公司所管辖的海底电缆长度已达1470千米，占国家电网公司管理海缆的80%，已成为浙江海岛坚强智能电网的重要组成部分。

11月9日上午10时，在牵引机的牵引下，一条“黑色蛟龙”徐徐从海缆船游入水面，循着入水的方向，滚滚海水在眼前翻腾而过，最终“翻山越海”登陆舟山泗礁岛。

这是全国首条110千伏三芯海缆敷设现场，这条海缆起于舟山岱山大衢岛，终于舟山嵊泗泗礁岛。目前，该工程已进入最后的冲刺阶段，海缆投入使用后，将实现嵊泗与舟山本岛的高效互供互济，大幅提升嵊泗区域供电保障能力，为实现乡村振兴和“小岛你好”海岛共富新图景注入强劲动力。

作为国家电网公司系统唯一一家海缆施工企业，从1983年敷设第一条海缆开始，几十年来，经过几代电力人的耕耘，国网舟山供电公司在海洋输电研究、设计、施工和运维等领域积累了丰富的经验，是国网乃至国家的海洋输电“金名片”。

在江苏东台完成国内首个长距离海上风电工程，在舟山完成世界首条500千伏交联聚乙烯海底电缆工程，在台州完成世界首条35千伏柔性低频输电海底电缆……国网舟山供电公司承接的海缆施工工程遍布全国沿海，在国内海缆施工行业成为一枝独秀。

全国最长110千伏三芯海缆在舟山嵊泗成功敷设

工欲善其事，必先利其器。国网舟山供电公司开发了国内一流的海缆敷设作业装备。研制高精度海底电缆敷设精准定位系统、系泊稳定系统、船用水平退扭系统等施工船舰载装备；建成国内首艘5000吨级载缆量新型海底电缆施工船“启帆9号”；改建2000吨级海底电缆检修船“启帆7号”，此为国内首艘专业海缆检修施工船；形成兼具敷设、检修、深埋保护等多功能的装备群。目前正在打造的10000吨级载缆量新型海缆施工船，是国内最先进的海缆施工船，为走向远海深海打下了坚实的装备基础。

海缆入海不是万事大吉，后续运行维护、防止锚损破坏也是重中之重。国网舟山供电公司成立海洋输电智能化运监中心，实施国内首套海缆一体化综合监控微应用，以电子海图为基础，融合应用雷达、热成像监控等5项智能监控技术，可像GPS一样对海上船只进行精准定位，从而实现海缆通道状态全面感知与全景实时监控。

此外，国网舟山供电公司大力开展政企、警企联动，建立海上义务护线员队伍，进一步扩大海上电力设施保护覆盖面。从区域、季节、日期、时间点、潮流方向、风向6个维度对船只抛锚情况开展大数据分析，形成海缆防外破二十四节气管控表，已在强风天、大雾天等恶劣天气与休渔季渔船集中回港期间多次成功应用，护航海缆安全运行。

除了施工运维，国网舟山供电公司的研究工作也备受行业瞩目。海洋输电技术研究中心是目前国内唯一专业从事海洋输电领域技术研究的机构，拥有国家电网公司首个海洋输电实验室，并承担了大量课题研究任务。

“当时开展国内首批交流500千伏交联聚乙烯海缆相关试验，是我们承接的项目中最重要也是难度最大的工作。”海洋输电技术研究中心相关负责人郑新龙介绍道。机遇伴随着挑战，他带领试验团队提出试验方案，并顺利完成试验，填补了国内在该领域研究的多项空白。

秉持创新驱动理念，国网舟山供电公司加速海洋输电技术“产学研用”科研成果转化，成功研发全国首个磁矢量海缆故障检测装置，建成海缆线路水下探测平台和全国首个直流电缆系统全工况试验平台，开展国内首次高航速水下巡视机巡查海缆线路运行状态。层出不穷的应用成果正在支撑起国家海洋输电技术的引领跨越。

在未来，国网舟山供电公司将坚持青蓝相继、逐梦深蓝，依托地理和电网优势，助力建设海岛示范型多元融合能源互联网企业，走在海洋输电技术研究领域前列。

（陈泽云　王　宁）

图书在版编目（CIP）数据

踔厉笃行 / 国网浙江省电力有限公司编著. —杭州：浙江人民出版社，2023.1
ISBN 978-7-213-10957-7

Ⅰ.①踔… Ⅱ.①国… Ⅲ.①电力工业-成就-浙江 Ⅳ.①F426.61

中国国家版本馆CIP数据核字(2023)第062878号

踔厉笃行

国网浙江省电力有限公司 编著

出版发行 浙江人民出版社（杭州市体育场路347号 邮编 310006）
市场部电话:(0571)85061682 85176516

责任编辑 胡佳佳 郦鸣枫 赖 甜

责任校对 杨 帆

责任印务 刘彭年

封面设计 王 芸

电脑制版 杭州兴邦电子印务有限公司

印 刷 浙江海虹彩色印务有限公司

开 本 710毫米×1000毫米 1/16

印 张 15.25

字 数 195千字

版 次 2023年1月第1版

印 次 2023年1月第1次印刷

书 号 ISBN 978-7-213-10957-7

定 价 118.00元